経営者・後継者のための

4つの実例を詳解

中期経営戦略の教科書

MGS税理士法人

松本 一郎 代表税理士
Ichiro Matsumoto

金川 歩 税理士
Ayumi Kanekawa

川崎 万佐悦 監査3課課長
Masayoshi Kawasaki

戸田 義則 監査2課課長
Yoshinori Toda

［監修］嶋田 利広 ㈱RE-経営 代表取締役
Toshihiro Shimada

マネジメント社

まえがき

2024年1月1日、突然の地震から1年が始まった。能登半島地震である。

年を越えてもなお続くロシア・ウクライナ戦争、イスラエルのガザ侵攻。国内では円安、政治資金問題、インボイス導入など、われわれを取り巻く外部環境は「VUCAの時代」といわれるように、不透明・不確実、そして未解決の問題が山積している。

さらに、今年は物流・建設業界の「2024年問題」がある。来年は団塊世代が後期高齢者となる「2025年問題」というように、日本の中小企業にとって厳しい社会経済環境が続くことは間違いない。

われわれのような会計事務所は、メインのクライアントが中小企業であり、クライアントの業績が下降すると、同じようにわれわれの業界も下降する運命共同体のような存在である。

「税理士」の資格ができたのは戦後である。高度成長期に中小企業の成長発展とともに会計事務所も成長してきた。昔（パソコンが日本に普及する前）の会計事務所のニーズは、中小企業にはなかったオフィスコンピューター（オフコン）を活用して記帳代行や税務申告を行うことであり、節税対策を考えて提案できる会計事務所は相当優秀であった。

企業の業績は右肩上がり、経営にかかわらなくとも記帳代行、税務申告をしっかりやっていればやっていけた時代だった。

やがて社会経済環境が成熟期になり、少子高齢化、人口減少、1人当たりGDP世界31位という今の日本。企業経営自体が難しく、特に中小企業は今後大きく減速することが予想される。

そんな環境のなかで、われわれにできることは何か —— 経営理念に掲げる「私たちは最良のビジネスパートナーとして中小企業を成功に導きます」の実現のために、MGS税理士法人としていかに社会に役立つ存在になれるのか。MGSはManagement General Staff（経営参謀）であり、経営理念を端的に表現したものである。企業経営者の参謀として、企業の存続と繁栄を伴走支援し、名実ともに信頼される存在でありたいと日々邁進している。

本書は、私自身が学んだ経営知識や多くの経営者から学び気づかされたこと、MGSとして提供したい技術やサービスのノウハウについて、事例を含めて紹介させていただいた、いわばMGS税理士法人の戦略経営サポートのエッセンスである。

　具体的には「クロスSWOT分析」「根拠ある経営計画書」「KPI監査」「事業承継見える化」の4つをいう。これは会計事務所の基本業務である税務申告・記帳代行業務を超えて、顧客の業績や経営をサポートするものであり、これからの時代に非常に重要で、かつ実践可能な戦略ノウハウとなっている。

　私は、本書の監修をしていただいた㈱RE−経営の嶋田利広先生の指導のもと、2020年刊行の『SWOT分析を活用した「根拠ある経営計画書」事例集』（マネジメント社刊）では、共著者として執筆を担当させていただいた。また、2023年刊行の『「事業承継見える化」コンサルティング事例集』（マネジメント社刊）では、本書の執筆者である金川歩も共著者である。

　本書は、2023年1月より、私とともに弊社の金川歩、川崎万佐悦、戸田義則も加わり、クライアント4社での実践や検討を重ねて、MGS税理士法人としての経験とノウハウをまとめたものである。

　この本が少しでも日本の中小企業の成長発展や経営者・経営幹部、金融機関関係者、職業会計人のスキルアップに役立つことを切に願う。

令和6年4月吉日

著者を代表して
MGS税理士法人代表社員　税理士
松 本 一 郎

本書の監修にあたって

今、企業は経営計画書の信認が問われている

「社長、その経営計画書の内容どおり、本当に実行できるんですか？」

「昨年まではコロナが原因だと言ってましたが、今年も同じような経営方針や戦略で計画未達が続いていますよね」

「今回の経営計画書が本当に達成できる根拠って何ですか？」

経営者が作成する「経営計画書」の信認が問われる時代である。それは金融機関からの今後の支援にも影響するのは当然だが、じつはそれ以上に「従業員がその経営計画書を信じているか」が重要な要素になっている。なぜなら、今まで以上に「総力を挙げて経営計画達成」に向けた努力が必要だからだ。

計画未達が続いている中小企業は、外部環境の影響が大きいという。コロナ、戦争によるインフレ、円安による輸入とエネルギーコストの増大、賃上げ圧力、中国経済減速と政治リスク……取り上げるときりがないぐらい外部環境はVUCA【Volatility（変動性）、Uncertainty（不確実性）、Complexity（複雑性）、Ambiguity（曖昧性）】の時代といわれるように問題だらけである。

しかし、それらが業績不振のすべての原因であるかのように他責にするのは「経営者の逃げ」である。そんな経営者のもとには「社長、一緒に頑張りましょう」という従業員は集まらない。金融機関も他責にする経営者には支援態度を硬化させるだろう。

今、経営者が真剣に考え、取り組むべきは「自社の強みを活かした自社らしい中期経営戦略」である。その独自の経営戦略に沿った「根拠ある経営計画書」こそ、社員も金融機関も求めているのだ。

本書の骨格となる戦略構築には、「クロスSWOT分析」のフレームを活用している。私自身、このクロスSWOT分析によってさまざまな中小企業の経営改善のコンサルティングを行うと同時に、中小企業経営を支援するコンサルタントや会計事務所にこれらの指導をしてきた。

これまで38年間の経営コンサルタント経験と400事業所を超える「中小企業でのSWOT分析」によって、私はいくつかの法則を発見した。

それは「今ある強みを深掘りした独自の経営戦略と、それに沿った根拠ある経営計画書があれば、社員も銀行も経営者を信用してくれる」ということである。

　人も企業も「苦手」「弱み」「不得意」なことはそうそう簡単に克服できない。あきらめるわけではないが、「弱み改善」にかける時間とエネルギー、精神的負担は重い。だが、その割には報われないことを多くの経営者も経験則でわかっているはずだ。

　それなのに、現実の経営計画書は「弱み改善」「苦手克服」のオンパレードである。その結果、多くの中小企業で「経営計画未達」が続いている。　もういい加減に「強み維持」、そして「弱み改善、苦手克服」というつまらないバランス経営から脱して、「強み特化型経営」にシフトしないと、社員は離れ、金融機関からは見放される。

　そういう信念のもと、私は「クロスSWOT分析を活用した強み特化型経営」を長年推進してきた。

　クロスSWOT分析を活用した根拠ある経営計画書の作成に加えて、その計画を確実に実現するための仕組みも必要である。それが「KPI設定＆監査」である。また、中小企業には直近の重要課題として事業承継問題がある。前述の「根拠ある経営計画書」「KPI設定＆監査」もこの問題に関係することであるが、一連の事業承継事項を見える化することで、経営者、後継者、経営幹部、社員にとってのマイルストーンが明確となり、将来にわたっての経営戦略がはっきりする。

　本書は、中小企業にとって最重要のこうした一連の中長期戦略をどのように組み立てるかを解説している。中小企業経営者・後継者、そして中小企業を伴走支援する会計事務所、コンサルタント、各士業、そして金融機関の方々の"虎の巻"として活用していただけることを期待している。

2024年4月吉日

株式会社 RE－経営 代表取締役

嶋 田 利 広

CONTENTS

第**4**章	MGS 戦略ノウハウ 2　根拠ある経営計画書 （川崎万佐悦）

第**5**章	MGS 戦略ノウハウ3　プロセスを重視する KPI 監査
	（戸田義則）

<table>
<tr><td rowspan="2">第6章</td><td>MGS 戦略ノウハウ 4　資金を中心に非財産相続承継
を「見える化」</td></tr>
<tr><td>（金川　歩）</td></tr>
</table>

第1章

MGS税理士法人と
RE−経営の取り組み

株式会社 RE- 経営　代表取締役

嶋田 利広

1 RE−経営の取り組み

　最初に株式会社 RE−経営の取り組みについて述べる。

　MGS 税理士法人の松本一郎代表とは、2018 年に弊社が主宰する「第 1 期 SWOT 分析スキル検定」を受講されて以来 6 年のお付き合いである。以後、松本代表は同検定の「初級」「中級」そして「マスターコース」へとステップアップしていった。

　最初のマスターコースに参加した 2018 年は、私自身が毎月 MGS 税理士法人に出向き、松本代表と他の税理士や監査担当者を対象に研修を実施した。

　その研修では、実際の顧問先を会議室に招き、私がその場で SWOT 分析をするという「公開コンサルティング」の形式だった。

　この手法は、認定 SWOT 分析マスターコンサルタントになるための「マスターコース」でも行っている。

　このマスターコースにより、MGS 税理士法人との最初の共著本である『SWOT 分析を活用した「根拠ある経営計画書」事例集』（マネジメント社刊）が世に出た。この本はコンサルタントや会計事務所担当者が対象の極めて狭い分野のビジネス専門書であるが、教科書のように活用され、今も版を重ねている。

　その後、2022 年には MGS 税理士法人の所属税理士ある金川歩氏がマスターコースに参加、1 年間の「非財産相続承継の見える化」の研修、公開コンサルティングを経験した後、『事業承継【見える化】コンサルティング事例集』（マネジメント社刊）の共著者として結実した。

　彼女は今回も本書で「事業承継の見える化」部門を担当し、リフォーム会社の事例に取り組んでいる。本書で 2 冊目となる著者として、「非財産相続承継の見える化」の全国有数のエキスパートと言っても過言ではないであろう。

　そして、今回は松本代表、金川氏だけでなく、MGS 税理士法人が誇る「MAS監査のプロ 4 人衆」として、川崎万佐悦氏、戸田義則氏にも 1 年間の訓練と公開コンサルティングの実践経験に取り組んでもらい、それが本書として結実したのである。

2 4つの戦略ノウハウ

　本書で公開している MGS 税理士法人が顧問先に提供する MAS 監査の中身は、深掘りと具体化という点で、従来の MAS 監査とは一線を画す。

　イメージとしては、MGS が有するノウハウと取り組み姿勢は、プロコンサルタントと会計事務所の MAS 担当者のスキルの間で、「プロコン寄り」という感覚だ。プロのコンサルタントや中小企業診断士でもこの4つのノウハウに深入りできていない専門家は多い。「会計事務所がそこまで介入するのか？」と言われるぐらい4つのノウハウと取り組みは秀逸である。

❶第1のノウハウ　強みを活かした独自戦略を見出すクロス SWOT 分析

　クロス SWOT 分析は松本氏の十八番だ。なぜなら、何回もロープレを経験し、実践を踏んでおり、「認定 SWOT 分析マスターコンサルタント」も授与されている。

　このクロス SWOT 分析は一般的に知られているレベルの SWOT 分析ではない。「強み分析」「機会分析」を徹底して深掘り質問をしながら、「固有の積極戦略」としての各種商材対策を導き出す。しかも「今ある強みを活かした商材戦略」なので、経営者も幹部も自信をもって取り組める。だから「クロス SWOT 分析で生まれた商材戦略」は実行確率が高い。

　本書の事例では、松本氏が飲食店チェーンに生き残り戦略や成長戦略のための「クロス SWOT 分析」を行い、固有の具体的戦略を経営者、役員と共に立案した。

　実際にこの飲食店チェーン経営者は即実行し、コロナ禍後の業績回復を確実なものにしている。

　通常の MAS 監査では、このあたりの分析が弱く、総論的なモニタリングになりがちであり、それゆえなかなか成果が上がらない。

　しかし、クロス SWOT 分析を深掘りし、「強みを活かした商材戦略」中心の経営戦略なら、効果も出やすい。（詳細は第3章参照）

❷第2のノウハウ　金融機関の評価を高める根拠ある経営計画書

　このノウハウは第4章で川崎万佐悦氏がコンサルティングと執筆を担当した。

　「根拠ある経営計画書」とは、融資返済が可能な利益が出る売上対策・粗利対策が実現可能な商材や詳細な行動計画であることを指す。

　事例では、ある店舗設計会社の前期検証から始まり、具体策と連動した中期収支計画、モニタリング可能な単年度アクションプラン等を経営者と共に作成した。

　どの会計事務所でも「経営計画書作成支援」は行っているだろう。しかし、過去の数字や今後の取り組みなどを書き込むフレームだけ渡し、あとは経営者に記入してもらい、少しだけ添削するとか、フレームに沿って話した言葉の概要を書く程度だ。

　しかし、MGS税理士法人の「根拠ある経営計画書作成支援」は、監査担当者はコーチング質問を繰り返し、経営者の発言の真意、視点、そう判断した背景などをかなり細かく「5W2H」で聴き出し、監査担当者が自ら言語化する。

　経営者も監査担当者から「深掘り質問」されると、自問自答を繰り返す。そうするうちに「言われてみれば…」「こういうことは可能性あるね」と自分で気づく。自分で気づき、自分で意思決定した経営計画や具体策なら「行動への転換率」は非常に高くなる。だからMGS税理士法人が支援する「根拠ある経営計画書」は、経営者の行動力が伴う計画書と言えるのだ。（詳細は第4章を参照）

❸第3のノウハウ　売上結果よりプロセス数値を追求する「KPI監査」

　このノウハウは戸田義則氏がコンサルティングと執筆を担当した。

　会計事務所のMAS業務は多くの場合、試算表などの会計情報から「予算、昨年対比、実績チェック」するのは売上や利益ぐらいである。

　それ自体は否定しないが、それでどう業績回復ができるだろうか？　私に言わせれば「MASごっこ」である。それを「MAS監査」と称している会計事務所のホームページやセミナーを見ると、私が赤面したくなる。

　MGS税理士法人でも以前はそうしたことをMAS監査として、少し介入度を深くして「アクションプラン監査」「決定事項監査」というモニタリングをするレベルだった。しかし、これでは顧問先の経営改革や業績改善が前進する実感が湧かない。

　そこでRE−経営のノウハウである「KPI監査」を学習してもらい、その実践を経験してもらった。なぜなら、KPI監査は会計事務所の重要な差別化ノウハウであり、業績直結型の監査メソッドだからだ。

本書での事例は部品加工の鉄工所である。技術的な付加価値の差別化がしにくい業種だが、「ボトルネック」を拾い出し、利益率改善の突破口を導き出した。

　その突破口が KSF（重要成功要因）であり、そこから行動プロセスの指標である KPI（重要業績評価指標）を設定。この検討段階で参加した社長夫人や後継者は「目から鱗」の気づきがあったようだ。

　いくら売上利益を追いかけても成果は出ない。行動プロセスの指標である KPI を追いかけ、その数値が改善されれば、おのずと収益も上がってくる。ゴールに早く到達したいなら「急がば回れ」である。（詳細は第 5 章を参照）

❹第 4 のノウハウ　資金を中心に非財産相続承継を「見える化」

　このノウハウを担当したのは金川歩氏である。

　通常「事業承継サービス」といえば、株価評価、相続税対策が中心である。確かに相続税は大きな金額になるので、経営者も後継者も目が行きやすい。そして、相続税の計算や準備はどの会計事務所が支援してもそう変わらない。

　しかし、「贈与、相続税、特例税制、経営者退職金等のお金」の問題以外に、相続で重要なのは「非財産相続承継の見える化」である。

　これは法律で決まっているものではない。100 社あれば 100 様の「非財産相続承継のカタチ」がある。この分野を軽視すると、中小企業の経営自体が危うくなる。

　MGS 税理士法人では、この分野で他の会計事務所が関与したがらない「非財産相続承継の見える化」支援に真っ向から取り組んでいる。

　本書での事例はリフォーム業。事業承継業務の核となる「事業承継 10 か年カレンダー」では、今後の設備投資や返済、新規借入、保険解約などの資金計画の入った「事業承継 10 か年カレンダー」に取り組んだ。

　わずか 1 枚の 10 か年計画書のなかに、今後のお金の流れと必要業績、新規商材、権限移譲等、「現経営者・後継者が行うべき重要事項」が優先順位とともに明記されている。これらの指導の結果、該当企業の会長や社長から高い評価を得たのは言うまでもない。（詳細は第 6 章を参照）

3 MGS税理士法人の1年間の取り組み

（1） 公開コンサルティング中心の実地研修

　本書ができるまでの1年間に、MGS税理士法人はどういう取り組みをしたのか、実際にやってきたことを解説しよう。

　私が1年間、MGS税理士法人に伺い、会議室で研修と顧問先を招聘しての公開コンサルティングを行ってきたことは述べた。

　基本的な手順としては、私が4つのノウハウについて、顧問先経営者、幹部に対して入り口部分の公開コンサルティングを行い、その後の取り組みや修正調整を各著者が行うというものだ。

　だが、ノウハウを理解しているはずのこの4名でさえ、実際のコンサルティングの現場となると不安だらけだ。したがって、最初にコンサルティングの道筋をつけておく必要がある。そこで、最初の導入部分と今後の検討箇所を私が公開コンサルティングすることにした。

　次ページの表がこの1年間の取り組み内容である。毎月1回、丸1日（6時間）を使った、全12回、合計72時間の座学＋実地研修（公開コンサルティングを含む）である。

回	研修内容
1	4つの戦略ノウハウの概論と基本メソッド
2	実際のクライアントを招待して「クロス SWOT 分析」の公開研修（うどん店チェーン経営者・幹部）❶
3	実際のクライアントを招待して「事業承継見える化コンサルティング」の公開研修（リフォーム会社の会長、社長）
4	実際のクライアントを招待して「クロス SWOT 分析」の公開研修（うどん店チェーン経営者・幹部）❷
5	実際のクライアントを招待して「根拠ある経営計画書」および「KPI 監査」の実務研修（鉄工所社長夫人と後継者）
6	実際のクライアントを招待して「根拠ある経営計画書」の作成研修（店舗設計業経営者）❶
7	実際のクライアントを招待して「根拠ある経営計画書」の作成研修（店舗設計業経営者）❷
8	実務研修で作成したドキュメントの整理と執筆❶　企画構成
9	実際のクライアントを招待して「クロス SWOT 分析」の公開研修（うどん店チェーン経営者・幹部）❸
10	実務研修で作成したドキュメントの整理と執筆❷　コンテンツの整理
11	ホームページ、SNS での広報およびセミナーの企画
12	出版記念セミナー

（2） 監査担当者をブランド化する時代

　MGS 税理士法人では、先に所長である松本一郎代表が弊社の「認定 SWOT 分析マスターコンサルタント」になり、共著者として図書を出版した。普通の会計事務所では「経営者である所長のブランディング」を優先させるので、コストをかけて職員名で出版し、職員のブランディングをするところはないであろう。

　しかし、MGS は所属税理士、監査担当者に地力をつけてもらい、職員の名前で出版することを推奨している。

　その背景には、監査担当者の地位を高め、顧問先からも一目置かれる存在になるという想いがあるからだ。また、職員自身も自分の仕事に自信を持ち、ノウハウを解説した図書の著者になることで、Google や Amazon などで検索されると「著者」として名前が出てくる。

　これは自己肯定感や承認欲求にも寄与するだろう。

第2章

VUCA時代の会計事務所
～財務・税務支援と伴走型コンサルティング～

MGS 税理士法人

松本 一郎

MGS税理士法人が目指すもの

最初に弊社の取り組みについて述べる。

弊社の財務支援＋コンサルティングのノウハウや戦略を明確に打ち出すにあたり、その重要な要素として、MGS税理士法人の「経営理念」「経営ビジョン」がある。

> ●経営理念とは、自社の存在意義であり、自社の目指す最終ゴールである
> ●経営ビジョンとは、最終ゴールに向かう通過点であり、あるべき姿である

経営理念・経営ビジョンのない組織は、目的・目標がなく、問題や課題もない、行き当たりばったりの経営となってしまう。明確な理念・ビジョンを掲げることで、それを実現するための問題・課題があぶり出され、それらを解決するための戦略が明確になる。

（1） MGS 税理士法人の事業概要

MGS 税理士法人は、大阪市中央区、摂津市、神戸市中央区に事務所を構える税理士法人である。平成15年（2003年）4月に松本会計事務所として創業、平成19年（2007年）12月に法人化し、現在に至る。社員数34名（うち税理士6名）、法人クライアントおよそ400社、個人クライアントおよそ500人。

（2） 経営理念・経営ビジョン・使命

経営理念
私たちは最良のビジネスパートナーとして中小企業を成功に導きます 私たちは仕事を通してより楽しく幸せな人生を実現します

経営理念には私たちが果たすべき役割として、以下のキーワードを掲げている。

■最良のビジネスパートナー

　基本業務である税務申告・記帳業務の域を超え、顧客の経営に寄り添うパートナーとして、常に自己研鑽し最良を目指します。

■成功の導き役

　成功とは自己や自社の掲げる目的を実現し目標を達成することです。目的は経営理念、目標はビジョンでもあります。私たちは顧客の理念とビジョンの実現に寄与します。

■幸せな人生の実現

　私たちは仕事を通して社会に貢献する企業として自己実現を果たし、物心両面の幸せを実現します。

2032 経営ビジョン　日本一"安心"と"元気"を与える会計事務所を目指す

経営ビジョンには2つのキーワードの想いを込めている。

■安心

　安心とは、社員さんのスキルをもって、顧客に対して心より支援したいという想いで誠実にかかわる姿勢。「安心を与える」を実現するための主な取り組みとして、以下のものがある。

- 人事評価制度の構築、導入
- TKC 巡回監査試験の推進による全社員のスキルアップ
- ホワイト企業認定
- 健康経営優良法人認定

■元気

　元気とは、顧客の業績の改善や向上に役立つ商品やサービスが備わっていること、磨いていること。「元気を与える」を実現するための主な取り組みとして、以下のものがある。

- 飲食店向け経営支援（一般社団法人コロンブスのたまごチーム 10、フードアカウンティング協会）
- 経営承継支援（相続事業承継・M&A 関連業務）
- 認定支援機関業務（補助金申請、経営革新、経営改善計画作成など）
- MAS 監査（理念ビジョン方針確認の日、月次 MAS 監査）

2032目標

目標として以下を掲げている。

> ■対顧客：顧客の経営の成長発展に貢献できる最良のビジネスパートナー
> 　私たちは顧客の成功の導き役として、顧客の成長発展に貢献します。
> 　顧客の成功条件を明確にし、その実現に向けてサービスを提供します。
> ■対社員：物心両面の幸福を実現し、働きがいを感じてもらえる職場
> 　私たちは仕事を通して自己実現を果たし、働きがいを感じられる職場を目指します。
> ■対社会：日本の中小企業文化を永続させ、次世代に繋げる指南役
> 　私たちは中小企業の成長発展に貢献するパートナー企業として、中小企業とともに日本社会におおいに貢献します。
> ■定量目標：2032年、スタッフ60名・売上5億円を達成すること
> 　最良のビジネスパートナーとして、中小企業を成功に導くプロフェッショナル集団となり、目標を必ず達成し喜びを分かち合います。

2 MGS税理士法人のMAS業務の特長

（1）4つの戦略ノウハウ

　弊社が目指すMAS業務の目的は、顧客の成長発展に貢献することである。

　そのためには、顧客の「成功条件」を明確にすること。その成功条件の要諦は経営理念とビジョンの実現である。

　経営理念・経営ビジョンのない組織は、行き当たりばったりの経営になってしまうと前述したが、明確な理念・ビジョンを掲げることで、それを実現するための問題・課題があぶり出され、その問題を解決するための戦略が明確になる。このあぶり出しのツールこそがSWOT分析である。

❶クロスSWOT分析（ノウハウ1）

　「SWOT分析」はよく知られている経営分析ツールである。だが、「クロスSWOT分析」という言葉はあまり使われていない。本書の監修者である嶋田利広先生は「クロス分析をしないSWOT分析は意味がない」と述べ、近年の図書はほとんど「クロスSWOT分析」と呼称している。

　実際に嶋田先生の指導によってクロスSWOT分析の具体的な手法を学んだ私の感覚からいっても、クロス分析をしてこそ意味があると確信している。

　すなわち、内部要因の「強み」「弱み」、外部環境の「機会」「脅威」の要素をそれぞれ掛け合わせた「積極戦略」「致命傷回避・縮小撤退戦略」「改善戦略」「差別化戦略」の抽出方法は、リソースが乏しく大きな市場を狙えない中小企業の経営戦略立案ツールとして最適である。

　これら4つの戦略のうち、中小企業が第一に狙うべきは、「強み」を活かした、「自社独自の積極戦略」である。これをクロスSWOT分析によって、どのようにあぶり出していくかが当該中小企業の命運を握ると言っても過言ではない。

　SWOT分析を知っている人は少なくないと思われるが、本書で解説するクロスSWOT分析の最新メソッドと具体的な方法を知ることは、これからのコンサ

ルティングにとって大変役に立つものと考えている。

「今後どのような経営戦略を考えていますか？」と問われて、すぐに説明できる経営者は少ない。頭の中にはいろいろあるが、いざそれを相手にわかるように説明するとなると、しっかりした論拠がなくてはならない。その論拠を組み立てるためにもクロスSWOT分析は必須である。詳しくは第3章で解説する。

❷根拠ある経営計画書（ノウハウ2）

これまで多くの経営計画書を見てきたなかで、会計事務所が支援して作成した経営計画書は、損益計画、キャッシュフロー計画が中心となっている。目的は融資を期待しての銀行向けであったり、利益を決めて数字を合わせるといった「絵に描いた餅のような計画書」が多く存在している。いわゆる「根拠なき経営計画書」ともいえる。

「根拠ある経営計画書」とは、クロスSWOT分析を活用し、計画書に書かれた目標数値に対して、それを実現させるための根拠を示すものだ。クロスSWOT分析を実施し、そこから生まれた数値対策に直結する「積極戦略」や「致命傷回避・撤退縮小戦略」「改善戦略」「差別化戦略」には、根拠となる具体策が入る。具体的には、クロスSWOT分析、実抜（実現可能な抜本対策）体系図、中期経営計画、中期収支計画、今期の経営方針及び重点具体策を作成する。

これら一連の根拠ある経営計画書の作成方法や事例については第4章で詳しく解説する。

❸KPI監査（ノウハウ3）

KPI（Key Performance Indicator）は「重要業績指標」と呼ばれ、KGIを必達するために、必要な行動プロセスを指標化したものである。

KGI（Key Goal Indicator）は「重要目標達成指標」と呼ばれ、売上高や成約数、利益率など、ビジネスの最終目標を定量的に評価できる指標である。

またKSF（Key Success Factor）は「重要成功要因」と呼ばれ、事業を成功させる必要条件をいう。

これまでの「業績数値結果の予実管理」から一歩踏み込み、KSF（重要成功要因）となる重要な営業対策、原価対策、固定費コスト削減、人事労務対策などをKPI（重要業績評価指標）として行動プロセスの指標化を行う。

その指標の進捗状況のチェックと、未達の場合の行動プロセスや修正行動をモニタリングしていくのが「KPI監査」である。具体的事例は第5章を参照。

❹事業承継見える化（ノウハウ4）

「事業承継の見える化」とは、事業承継の概念や具体的事項すべてについて、関係者が理解しやすいように「文書化」「数値化」「図形化」していく業務をいう。

事業承継の過程で、現経営者と後継者に不信感や誤解が生じることは少なくない。その結果起こる感情的な衝突原因は、主に「言葉の認識の違い」である。その原因を取り除くとともに、「橋渡し」「支援」「調整」していく業務である。

クライアントの事業承継や学びのなかで、いわゆる経営の承継に必要な要素は次の7つである。

《事業承継に必須の7要素》
- 経営思想、経営理念の承継
- 経営判断基準の承継
- 事業承継トータルプランの整理
- 後継者時代の次世代を担う役員幹部の確定
- 承継後も勝ち続ける経営戦略の策定
- 職務権限の移譲計画
- 後継者教育

上記の7要素を見える化するために「事業承継10か年カレンダー」「職務権限移譲計画」「経営判断基準」の作成支援などを行う。

これらの具体的事例は第6章で詳しく解説する。

（2）　実効性のあるMAS業務を目指して

どの会計事務所もMAS業務についてさまざまなサービスを行っている。だが、足りないものがある。それは「聴く力」と「文字に落とし込む力」である。

聴く力、すなわちMGSでは質問力を非常に大事にしている。

経営者と面談していて、

「それはなぜそう思ったのですか？」

「社長はどうしようと思っているんですか？」

「誰がそれを言ったんですか？」

「そのとき社長はどう感じましたか？」

このように根掘り葉掘り深掘りして聴くことがMGS流のヒアリングである。

その結果、多少うるさく思われることもあるが、経営者からは「こんなことがある」「あんなことがある」ということを引き出すことができ、また、社長自身が面談を終わったあとに、「自分の言いたいこと、思っていることが話せてすっきりした」「多くの気づきがあった」という感想をいただける。

　もう一つは文字にする力である。これは社長が言ったことを目の前で Word、Excel、PowerPoint などに打ち込みながら、パソコンのディスプレイやプロジェクターに映し出し、社長もわれわれが入力する文字を見ている。

　その結果、面談が終わるたびに議事録が残る。そこで社長は自分が何を言ったか、どう思ったか、など自分が言ったことが文字として確認でき、それが論理的に整理されると、どんどんアイデアが湧いてくる。

　われわれは質問と同時に社長が言ったことを要約しながら文字に落とし込む。この文字化力というのが、普通の会計事務所にはないもので、われわれはこのスキルを磨いている。

　4つのノウハウ＋質問力＋文字化する力 ── これがセットされているのが、われわれが実施している MAS 業務の特長である。

第3章

MGS戦略ノウハウ1

クロスSWOT分析で
強みを活かした
独自戦略を構築する

《事例：飲食業》

MGS 税理士法人

松本 一郎

1 クロスSWOT分析の有効性

（1）なぜ、SWOT 分析が有効なのか

❶ SWOT 分析とは

　SWOT 分析は、数十年前にアメリカでその理論の原型ができ、日本でも「経営戦略立案ツール」として普及している。

　SWOT 分析とは、

〈1〉　自社の内部要因である「強み」(Strength) ＝ **S**

〈2〉　自社の内部要因である「弱み」(Weakness) ＝ **W**

〈3〉　外部環境で今後の可能性やチャンスを示す「機会」(Opportunities) ＝ **O**

〈4〉　外部環境で今後のリスクや厳しい状況を示す「脅威」(Threat) ＝ **T**

> 各要素の頭文字から『SWOT 分析』と言う

　さらに「クロス分析」として、外部環境の「機会」「脅威」と内部要因の「強み」「弱み」を掛け合わせて、その企業固有の戦略を導き出す。

Ｏ × Ｓ（「機会」×「強み」）＝ 積極戦略 ➡ 今後の可能性・チャンスに自社の「強み」を活かした具体策。

Ｔ × Ｗ（「脅威」×「弱み」）＝ 致命傷回避・撤退縮小戦略 ➡ 今後の脅威やリスクがあるのに、自社の「弱み」が災いして、危険な状況になっている。それを打開するための具体策。

O × W（「機会」×「弱み」）＝ 改善戦略 ➡ 今後の可能性・チャンスがあるのに、弱みがネックになっているので、それを改善してチャンスをつかむ具体策。

T × S（「脅威」×「強み」）＝ 差別化戦略 ➡ 今後の脅威があり、他社も手を引く可能性があるので、自社の「強み」を活かして、徹底した差別化やナンバーワン戦略をとる具体策。

❷ SWOT 分析で見えてくること、活用できること

クロス SWOT 分析をすることで、自社独自の戦略や今後生き残るためのビジョンや方向性として、下記のことが見えてくる。

● 事業の選択と集中がわかる
● 企業独自の経営戦略が見えてくる
● 積極的にヒト・モノ・カネを投入する戦略、捨てる戦略が見えてくる
● 多岐にわたる戦略の優先順位がわかる
● ニッチ市場と自社の使えそうな経営資源が何かのイメージが湧きやすい
● 新規事業へ参入する際の可否判断の根拠となる
● 金融機関へ提出する「根拠ある経営計画書」に活用できる

（2） SWOT 分析が他の経営分析ツールより実用性が高い理由

❶ SWOT 分析は理論がシンプルで、答えが決まっていない

SWOT 分析は、外部環境である「機会」「脅威」、内部要因である「強み」「弱み」をそれぞれ掛け合わせて（クロス分析して）、「積極戦略」「致命傷回避・撤退縮小戦略」「改善戦略」「差別化戦略」の4つの戦略を抽出する。

「機会」「脅威」「強み」「弱み」を聴き出すポイントはほぼ決まっている。

掛け合わせについては、次ページのイメージ図をご覧いただきたい。

例えば、「機会」の何番（1、2、3、・・・）と、「強み」の何番（A、B、C、・・・）を掛け合わせて、「○○○○という積極戦略が考えられる」というイメージである。

クロスSWOT分析（イメージ）

		機会（O）
外部環境	〈1〉	同業者や異業種を参考にして、高付加価値のニーズに対応した「高価格商品」を実現するには、どんな具体的な商材・サービスを開発すれば可能か
	〈2〉	現在の商材に対して、サービスや機能、容量、頻度、手間を大幅に減らし、どういう「低価格商材」を実現すればチャンスが広がるか
	〈3〉	クラウド、web、facebook、X 等、ITのさらなる普及をどう上手に利用すれば、販売増につながるか
	〈4〉	現在の市場（営業地域）だけでなく、域外、海外などにエリアを拡大すれば、どういうチャンスが生まれるか（販売面や調達面も含めて）
	〈5〉	Web を活用して、通販、直販、顧客との直接のネットワークを構築すれば、どんなビジネスチャンスの拡大が可能か
	〈6〉	顧客との共同開発、OEM（相手先ブランドによる製造）等、顧客との相互取り組みによって、どういうチャンスが広がるか
		脅威（T）
	①	顧客からの「サービス面」「スピード対応要求」の圧力やニーズは、どういう点が自社の「脅威」となるか
	②	技術革新による代替品や、低価格の輸入品等の供給による「脅威」は、具体的にどういうことがあるか
	③	自社の営業地域・マーケットの人口動態やライフスタイルの変化で、「脅威」になるとしたらどういうことか
	④	競合他社の動きで警戒すべき「脅威」になる動きは何か
	⑤	外注先・仕入先の動向や要望で「脅威」になることは何か（値上げ、事業縮小・廃業、サービス縮減、品質問題等）
	⑥	直販、通販、ネット販売等の直接販売の動きでは、どういう「脅威」的な展開が具体的にマイナスに影響するか

	内部要因				
	強み（S）			**弱み（W）**	
A	「機会」の市場・顧客ニーズに対応できる技術全般（技術者、技術面での優位）の「強み」は何か		a	競合他社と比較して、自社が明らかに負けている点（ヒト、モノ、カネ、技術、情報、効率、社内環境等）は何か	
B	顧客に安心感を与えるアフターサービスや体制、機能としての「強み」は何か		b	顧客ニーズに対応していない点は何か。その結果、どういう現象が起こっているか	
C	他社より抜きん出ている固有ノウハウ（生産技術・販売・性能機能・組織体制等）は何か。また「強み」に活かせる取扱製品の価値転換の可能性は何か		c	顧客開拓、企画力での弱みは何か	
D	他社では取り扱えない商品の権利（特約店や専売地域）としての「強み」は何か		d	業績悪化要因につながっている弱みは何か	
E	特に強い顧客層・エリアはどこか。それはなぜ「強い」のか		e	商品力、開発力での弱みは何か	
F	他社との差別化につながる顧客への営業支援機能（IT、情報サービス、営業事務、バックアップ体制等）での「強み」は何か		f	サービス力での弱みは何か	
組み合わせ番号（例〈2〉-B）	【積極戦略】自社の強みを活かして、さらに伸ばしていく対策。または積極的に投資や人材配置して他社との競合で優位に立つ戦略	左記対策を実施した場合の概算数値（件数増減、売上増減、経費増減、利益改善、%増減等）	組み合わせ番号（例〈5〉-C）	【改善戦略】自社の弱みを克服して、事業機会やチャンスの波に乗るには何をどうすべきか	左記対策を実施した場合の概算数値（件数増減、売上増減、経費増減、利益改善、%増減等）
	●即実行する戦略や具体策 ●重点方針や突破口になる戦略 ●人員も費用もかけて取り組む戦略			●市場攻略のネックになっている「弱み」克服まで3年かける戦略や具体策 ●「弱み」克服のため、自社だけでムリなら、コラボや提携の戦略	
組み合わせ番号（例③-E）	【差別化戦略】自社の強みを活かして、脅威をチャンスに変えるには何をどうすべきか。	左記対策を実施した場合の概算数値（件数増減、売上増減、経費増減、利益改善、%増減等）	組み合わせ番号（例⑥-e）	【致命傷回避・撤退縮小戦略】自社の弱みが致命傷にならないようにするにはどうすべきか。またはこれ以上傷口を広げないために撤退縮小する対策は何か	左記対策を実施した場合の概算数値（件数増減、売上増減、経費増減、利益改善、%増減等）
	●じり貧市場でも他社のシェアを奪い圧倒的ナンバーワンになる戦略 ●ライバルがお手上げになるまでの我慢戦略 ●「強み」があっても「撤退する」			●リストラ型の戦略の意思決定 ●やめる商品、やめる顧客の具体策 ●事業仕分け、戦略の絞り込み	

このように、各企業独自の機会（ニッチニーズ・ニッチ市場）とそこに使える経営資源（強み）を掛け合わせるので、どこにもない独自の戦略になる。

SWOT分析以外にも、PEST分析、PPM分析、3C分析、5 force分析など、さまざまな経営戦略分析手法があるが、そのなかでわれわれがSWOT分析をすすめる理由は、理論がシンプルであり、他の経営戦略立案ツールよりも導入しやすいからである。また、他のツールでの分析では、業界や競合を考えると、ある程度戦略が決まってくるが、SWOT分析では、同地域・同業種・同規模でも答えは異なる。

しかも、分析過程で「経営者が納得する進め方」なので、「教えられた感」がなく、自主的に決めたというイメージになりやすいのも選ばれる理由である。

❷業界のあるべき論ではなく、自社独自にフォーカス

狙う「ニッチニーズ・ニッチ市場」も違えば、そこに使える「強み」も違うなら、たとえ業界業種が同じでも「類似戦略」にはなりえないというのがSWOT分析の基本的な理論である。

金融機関や会計事務所が、ネットでの情報や書籍からの情報で「御社の業界は○○すべきではないですか」ともっともな意見を言ったりするが、広く一般的な取り組みは、すでにライバルも多く、差別化が難しい。ましてや中小企業は経営資源も限られている。しかも、経営者にそういう業界の常識的な提案をしても、ほとんどの経営者は心から納得しない。

なぜなら、「その業界の常識で行うことがいかに大変か」「自社の規模やレベルでは不可能なこと」をよく知っているからである。

その点、SWOT分析を通じて自社独自の「経営戦略」を立案できれば、経営者は自らやる気になって取り組むものである。

❸普通のSWOT分析では効果なし

SWOT分析は中期ビジョンづくり、事業再構築や事業性評価、それに関連する経営計画書作成にも「根拠をあぶり出す最強のツール」であることは間違いない。

ただし、これまでの一般的なSWOT分析は表面的、抽象的な表現にとどまり、「誰が」「いつまでに」「何を」「どこで」「なぜ」「どのように」「いくらで」「どうする」という5W2Hでの深掘りが圧倒的に少ない。

MGS税理士法人のクロスSWOT分析の中身は「商品戦略」「顧客戦略」「価格戦略」と、それを推進するための「販促戦術」「仕掛け対策」「大まかな行動」「概算の数値目標」まで記載する。

それにより、

● 深く掘り下げた SWOT 分析ができた

● 経営計画書の目標との差額対策を商材単位で導くことができた

● クロス SWOT 分析の結果、経営者が納得する具体策を見出すことができた

といった感想をいただくことが多い。

(3) SWOT 分析が効果を発揮する 9 つのシーン

❶ 金融機関から提出を要請される経営改善計画書

今後ますます資金繰りが厳しくなる中小企業において、リスケや追加融資を依頼するとき、金融機関からは必ず「経営改善計画書」の提出を求められる。

その際に、融資の元利が返済できるだけの利益が捻出される「根拠ある経営改善計画書」かどうかが焦点になる。

それには具体的な「商品戦略」「顧客戦略」「価格戦略」に沿って、「リアリティある具体策」が入っていることが必須条件だ。その中身を見出すためは、必然的にクロス SWOT 分析を活用することになる。

❷ 事業再構築補助金申請のための事業計画書

2021 年から始まった政府の補助制度である「事業再構築補助金」を申請する際に求められる「事業計画書」には、SWOT 分析をしっかり行うことが記されている。

「強みを活かした新規事業」「今後の可能性を感じる新たなアイデア」を事業計画化する。要綱にはこのような記載があるが、これはつまり、SWOT 分析などを使って戦略を構築しなさい、ということである。

単なる思いつきのアイデアではなく、自社の「強み」を市場環境の「機会」にぶつけると、こんな事業が有望だというシナリオが出来上がる。このクロス SWOT 分析の深掘りによって、戦略の実現性が見えることで結果的に採択を決めるのである。

❸ 中期ビジョン・中期経営計画の立案時

VUCA【Volatility（変動性）、Uncertainty（不確実性）、Complexity（複雑性）、Ambiguity（曖昧性）】の時代といわれる昨今だが、社会経済が不安定化する時代でも、企業はしっかりした「中期計画」を立て、事業の継続を図らねばならない。

その場合もクロスSWOT分析などで冷静に市場の動きを見て、「自社の最適な戦略」を見出すことが肝要である。

❹商品開発時のコンセプトづくり

「自社の製造、マーケティング、営業上の強み」と「消費者・顧客のこれからのニーズ（機会）」を掛け合わせる「積極戦略」は、商品開発時のコンセプトづくりにも直結する。

これまで「商品開発SWOT分析」を数十社実施してきたが、「思いつき」や「独善」の商品開発にならないようにするためにも、検証作業としての「商品開発SWOT分析」は必須である。

❺新規開拓・アイテムアップ時のキャンペーン内容

「新規顧客の市場ニーズ（機会）」と自社の「製造、マーケティング、営業体制（強み）」を掛け合わせることによって、どんなキャンペーンで新規開拓をすべきか、販促企画の具体策が見えてくる。

例えば無料試供品、デモ、サンプルをどうつくり、どうPRし、どうお客との接点を増やしていくか。あるいは、フィールド営業とインサイド営業をどう組み合わせて、どのように新規顧客との接点を持つかを「新規開拓SWOT分析」で見出していく。

❻後継者時代の「稼ぐ戦略づくり」

事業承継が進む企業において、現経営者時代とは異なる新たな「稼ぐ戦略」が後継者時代には求められる。

そこでクロスSWOT分析を使い、後継者や後継者時代の幹部と一緒に議論して「重点戦略」を組み立てる。

❼M&A後の「シナジーSWOT分析」で共同キャンペーン

これは私（松本）も3案件程度の経験しかないが、M&Aする企業とM&Aされる企業の「強み」だけを掛け合わせて、相乗効果の具体策を出す。

いわゆる「強み」×「強み」＝「M&A後の短期キャンペーン」で成果を出し、一気に融和状態をつくるのである。

M&Aでは、組織の一体感を出すのは、経営理念統合でも組織交流でもなく、「一緒に売上をつくったという事実」である。共に努力し奮闘して成功を勝ち取

ると、"同志""仲間"という連帯感が醸成されやすい。

❽社員採用面接時の「パーソナル SWOT 分析」

　これはビジネス SWOT 分析ではなく、個人のための SWOT 分析である。個人の「強み」と就職したい企業の方針や戦略を「機会」にして、その掛け合わせである「パーソナル積極戦略」によって、「入社したら即貢献する内容を具体化」するものである。

　求職者側は自分の売り込みに、求人側は「面接に来たよい人材を他社に取られない説得」に活用する。

❾役員幹部の戦略思考研修のツール

　後継者、役員幹部の教育ツールとして「SWOT 分析」を活用する。

　内部要因と外部環境をバランスよく客観分析するのが SWOT 分析なので、「思い込み」「一人よがり」「前例踏襲」などから脱却する議論ができる。

2 クロスSWOT分析の概念とイメージ

（1）　目的によってアプローチの仕方が違う

　クロス SWOT 分析は、下図のようにその目的によって 2 つの順番で行う。

　事業再構築計画書など「強みを活かした経営戦略」を立案するときは❶のパターンで、強み分析から入る。

　今後の顧客志向やマーケットニーズから「どんな商品や顧客戦略があるか」をニュートラルで分析したいときは❷のパターンで、機会分析から入る。

　それぞれアプローチが異なる。

　そして、4 つの戦略を抽出するクロス SWOT 分析のイメージをわかりやすくしたのが 37 ～ 38 ページのイメージ図である。

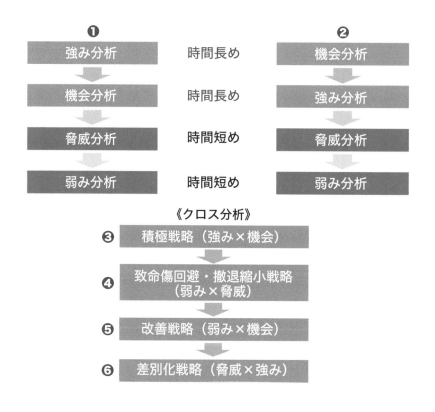

クロス SWOT 分析
【積極戦略】（イメージ）

		内部要因		
		強み（S）		
	A	「機会」の市場・顧客ニーズに対応できる技術全般（技術スタッフ、技術面での優位）の「強み」は何か		
	B	顧客に安心感を与えるアフターサービス方針や体制、機能としての「強み」は何か		
	C	他社より抜きん出ている固有ノウハウ（生産技術・販売方法・組織体制等）は何か。また「強み」に活かせる取扱製品の価値転換の可能性は何か		
	D	他社では取り扱えない、商品取扱の権利（特約店や専売地域）としての「強み」は何かあるか		
	E	特に強い顧客層・エリアはどこか。それはなぜ「強い」のか		
	F	他社との差別化につながる顧客への営業支援機能（IT、情報サービス、営業事務、バックアップ体制等）での「強み」は何か		

		機会（O）	組み合わせ番号（例〈2〉-B）	【積極戦略】自社の強みを活かして、さらに伸ばしていく対策。または積極的に投資や人材配置して他社との競合で優位に立つ戦略	左記対策を実施した場合の概算数値（売上増減、利益改善、経費増減、件数増減、％増減等）
外部環境	〈1〉	同業者や異業種を参考にして、高付加価値のニーズに対応した「高価格商品」を実現するには、どんな具体的な商材・サービスを開発または開拓すれば可能か			
	〈2〉	現在の商材に対して、サービスや機能、容量、頻度、機能を大幅に減らし、デフレに応じてどういう「低価格商材」を実現すれば、販売チャンスが広がるか		●即実行する戦略や具体策 ●重点方針や突破口になる戦略 ●人員も費用もかけて取り組む戦略	
	〈3〉	クラウド、facebook、X等、ITのさらなる普及をどう上手に利用すれば、販売増になるか			
	〈4〉	現在の市場（営業地域）だけでなく、地域外、海外などのエリア拡大をすれば、どういうチャンスができるか（販売面や調達面も含めて）			
	〈5〉	Webを活用して、通販、直販、顧客との直接のネットワークを構築すれば、どんなビジネスチャンスの拡大が可能か		●即実行する戦略や具体策 ●重点方針や突破口になる戦略 ●人員も費用もかけて取り組む戦略	
	〈6〉	顧客との共同開発、OEM（相手先ブランドによる製造）等、顧客との相互取り組みによるチャンスはどういうことが可能か			

クロス SWOT 分析
【致命傷回避・撤退縮小戦略】（イメージ）

		内部要因		
		弱み（W）		
	a	競合社と比較して、自社が明らかに負けている点（ヒト、モノ、カネ、技術、情報、効率、社内環境等）は何か		
	b	顧客ニーズに対応できていない点は何か、その結果、どういう現象が起こっているか		
	c	顧客開拓、企画力での弱みは何か		
	d	業績悪化要因につながっている弱みは何か		
	e	商品力、開発力での弱みは何か		
	f	サービス力での弱みは何か		

		脅威（T）	組み合わせ番号（例〈3〉⑥-ce）	【致命傷回避・撤退縮小戦略】自社の弱みが致命傷にならないようにするにはどうすべきか。またはこれ以上傷口を広げないために撤退縮小する対策は何か	左記対策を実施した場合の概算数値（売上増減、利益改善、経費増減、件数増減、％増減等）
外部環境	①	顧客（消費者）からの「サービス面」「スピード対応要求」の圧力やニーズはどういう点が自社の「脅威」となりうるか			
	②	技術革新による代替品や、低価格の輸入品等の供給による「脅威」は具体的にどういうことがあるか		●リストラ型の戦略の意思決定 ●やめる商品、やめる顧客の具体化 ●事業仕分け、戦略の絞り込み	
	③	自社の営業地域・マーケットの人口動態やライフスタイルの変化で「脅威」になるとしたらどういうことか			
	④	競合他社の動きで警戒すべき「脅威」になる動きは何か			
	⑤	外注先・仕入先の動向や要望で「脅威」になることは何か（値上げ、事業縮小・廃業、サービス縮減、品質問題等）			
	⑥	直販、通販、ネット販売等の直接販売の動きでは、どういう「脅威」的な展開が今後具体的に業績にマイナスに影響するか		●リストラ型の戦略の意思決定 ●やめる商品、やめる顧客の具体化 ●事業仕分け、戦略の絞り込み	

クロス SWOT 分析
【改善戦略】（イメージ）

		内部要因		
		弱み（W）		
	a	競合社と比較して、自社が明らかに負けている点（ヒト、モノ、カネ、技術、情報、効率、社内環境等）は何か		
	b	顧客ニーズに対応できていない点は何か、その結果、どういう現象が起こっているか		
	c	顧客開拓、企画力での弱みは何か		
	d	業績悪化要因につながっている弱みは何か		
	e	商品力、開発力での弱みは何か		
	f	サービス力での弱みは何か		

	機会（O）		組み合わせ番号（例〈3〉-e/f）	【改善戦略】自社の弱みを克服して、事業機会やチャンスの波に乗るには何をどうすべきか	左記対策を実施した場合の概算数値（売上増減、利益改善、経費増減、件数増減、%増減等）
外部環境	〈1〉	同業者や異業種を参考にして、高付加価値のニーズに対応した「高価格商品」を実現するには、どんな具体的な商材・サービスを開発または開拓すれば可能か			
	〈2〉	現在の商材に対して、サービスや機能、容量、頻度、手間を大幅に減らし、デフレに応じてどういう「低価格商材」を実現すれば、販売チャンスは広がるか		●市場攻略のネックになっている「弱み」克服まで3年かける戦略や具体策 ●「弱み」克服のため、自社だけで無理なら、コラボや提携の戦略	
	〈3〉	クラウド、facebook、ツイッター等、ITのさらなる普及をどう上手に利用すれば、販売増になるか			
	〈4〉	現在の市場（営業地域）だけでなく、域外、海外などのエリア拡大をすれば、どういうチャンスができるか（販売面や調達面も含めて）			
	〈5〉	Webを活用して、通販、直販、顧客との直接のネットワークを構築すれば、どんなビジネスチャンスの拡大が可能か		●市場攻略のネックになっている「弱み」克服まで3年かける戦略や具体策 ●「弱み」克服のため、自社だけで無理なら、コラボや提携の戦略	
	〈6〉	顧客との共同開発、OEM（相手先ブランドによる製造）等、顧客との相互取り組みによるチャンスはどういうことが可能か			

クロス SWOT 分析
【差別化戦略】（イメージ）

		内部要因		
		強み（S）		
	A	「機会」の市場・顧客ニーズに対応できる技術全般（技術スタッフ、技術面での優位）の「強み」は何か		
	B	顧客に安心感を与えるアフターサービス方針や体制、機能としての「強み」は何か		
	C	他社より抜きん出ている固有ノウハウ（生産技術・販売方法・組織体制等）は何か。また「強み」に活かせる取扱製品の価値転換の可能性は何か		
	D	他社では取り扱えない、商品取扱の権利（特約店や専売地域）としての「強み」は何かあるか		
	E	特に強い顧客層・エリアはどこか。それはなぜ「強い」のか		
	F	他社との差別化につながる顧客への営業支援機能（IT、情報サービス、営業事務、バックアップ体制等）での「強み」は何か		

	脅威（T）		組み合わせ番号（例〈2〉④-BF）	【差別化戦略】自社の強みを活かして、脅威をチャンスに変えるには何をどうすべきか	左記対策を実施した場合の概算数値（売上増減、利益改善、経費増減、件数増減、%増減等）
外部環境	①	顧客（消費者）からの「サービス面」「スピード対応要求」の圧力やニーズはどういう点が自社の「脅威」となりうるか			
	②	技術革新による代替品や、低価格の輸入品等の供給による「脅威」は具体的にどういうことがあるか		●じり貧市場でも他社のシェアを奪い圧倒的No.1になる戦略 ●ライバルがお手上げになるまでの我慢戦略 ●「強み」があっても「撤退する」戦略	
	③	自社の営業地域・マーケットの人口動態やライフスタイルの変化で「脅威」になるとしたらどういうことか			
	④	競合他社の動きで警戒すべき「脅威」になる動きは何か			
	⑤	外注先・仕入先の動向や要望で「脅威」になることは何か（値上げ、事業縮小・廃業、サービス縮減、品質問題等）		●じり貧市場でも他社のシェアを奪い圧倒的No.1になる戦略 ●ライバルがお手上げになるまでの我慢戦略 ●「強み」があっても「撤退する」戦略	
	⑥	直販、通販、ネット販売等の直接販売の動きでは、どういう「脅威」的な展開が今後具体的に業績にマイナスに影響するか			

3 クロスSWOT分析の具体的な進め方

(1) クロス SWOT 分析の順序

事業計画でのクロス SWOT 分析の進め方は、前述のように以下の順になる。

> 強み ▶ 機会 ▶ 脅威 ▶ 弱み

それぞれの要素を抽出し（特に「強み」と「機会」は深掘りする）、次に各要素を掛け合わせて、4つの戦略をあぶり出す。

> 積極戦略 ▶ 致命傷回避・撤退縮小戦略 ▶ 改善戦略 ▶ 差別化戦略

実際の SWOT 分析の現場では、この順番でヒアリングしてまとめていくが、経営者や参加している役員幹部からは意見が錯綜して出てくる。

例えば、「強み」を聴いているのに、「機会」や「脅威」、「弱み」を言ってきたり、「機会」を聴いているのに、「脅威」やもう次の「積極戦略」のアイデアを言ったりと……。

そんなとき、下手なコーディネーターは、「社長、今は強みを聴いているので、その機会の話は後から教えてください」と意見を制止する。これは NG である。

順序どおり杓子定規に進めると、せっかく出てきたアイデアや意見が再び脳に封じ込まれることになる。大事なことは、意見が円滑に流れる雰囲気を止めないことだ。

意見や議論があっちに行ったりこっちに行ったりしても、コーディネーターが記入するフレームを臨機応変に変えればよいだけである。

（2） 最新のフレームワーク

　MGS税理士法人では、適切なヒントや誘導によって「経営者や役員幹部から必要な情報を聴き出し、納得のいく戦略や帰着点」に持っていけるように、実践経験を積んでいる。

　普通は、白いキャンバス（白紙のフレーム）を前にして、何をどう聴き、どう書けばよいのかわからなくなり、途中で頭が真っ白になることも少なくない。特にロープレをしているとそれが如実に出てくるものだ。

　「慣れていないから、上手に聴き出せないのは仕方ない」「場数が足りないから、SWOT分析がうまくできないだけ」と当初は割り切っていたが、じつはどうもそうではないようだ。

　本書で紹介する「最新SWOT分析フレーム」は、嶋田先生が「zoomによるSWOT分析ロープレ」を会計事務所職員やコンサルタントに試してみたものだが、これはすぐに使えるすぐれたツールである（この最新フレームは、すでに複数の経営者に試し、その有効性は実証済み）。

　以下は嶋田先生が受講者から受けた感想である。

　「フレームに沿って聴き出せるので、楽になった。頭が真っ白にならずに次の質問がわかる」

　「全体を見て、何を書けばよいか先にイメージできるので、どうヒアリングすればよいかがわかるようになった」

　さらに、ロープレで社長役を経験してもらった会計事務所担当者の数名からも

　「何を聴かれているのかわかるので、答えやすかった」

　「聴き手の質問の主旨がわからなくても、フレームのヒントを見ることで、先に自分で考えるようになった」

　と、この最新フレームは有効だと感じたようだ。

4 「強み」「機会」「脅威」「弱み」分析のポイント

それでは、SWOT分析4つの要素カテゴリー、「強み」「機会」「脅威」「弱み」のポイントを解説する。

（1）「強み分析」のコツと5つの経営リソース分析

❶「顕在的強み」と「潜在的強み」

「強み分析」はクロスSWOT分析で最も重要な要素である。ここの深掘りなくして「固有の経営戦略」の立案はありえない。

「強み」には2つの見方がある。それは「顕在的強み」と「潜在的強み」である。

「顕在的強み」とは、すでに社員や顧客、取引先に認知されている「強み」であり、その強み自体はもう何らかの活用をしているものである。

「潜在的強み」とは、深く議論していくうちに「そういえば、うちとの取引のメリットとして顧客からこんなことを言われたことがある」「○○のニーズのある顧客には、当社の△△が他社よりいいと言われる」など、改めて考えないと出てこない小さく細かい「強み」である。

だが、この潜在的強みは、ニッチニーズに対応した独自の経営戦略には有効となる。だから、ここをどこまで深く掘り下げられるかが独自戦略抽出の決め手になるのである。

❷「強み分析」は根掘り葉掘り聴かないと思い出せない

「強み分析」の聴き方は、基本的に根掘り葉掘り聴き出すことである。

コーディネーターからの質問に対して、相手が基本的なこと、概念的なこと、抽象的なことを言っても、すかさず具体的に掘り下げていく。

「それはなぜですか？」

「誰がそう言ったのですか？」

「なぜ、その顧客がそういうことを言ったのでしょうか？」

「そのサービスは他社でもやっているのでしょう。なのに、なぜ御社に来たんですか?」

「その顧客がよい反応を示したとき、何がよかったと思いますか?」

「そのことを言った顧客は他にいましたか? 彼らの共通項は何でしょう?」

このようにひっきりなしに、一つの「強み出来事」から聴き出す。すると、相手もいろいろ思い出し、「そう言えば……」「言われてみれば……」と思い出してくる。この「忘れていた強み」にこそヒントがあるのだ。

❸昔の「小さな強み」の行動を忘れてしまっている

昔評価された「小さな強み」は忙しさのなかで忘れてしまい、普通の対策しか実施しないから、毎年同じような行動しかせず、成果も出ず、その結果業績悪化を招いていることが少なくない。

「大きな出来事」や「大きな要因」「主要顧客からの大きな声」は覚えているし、何らかの行動をしているものだ。しかし、小さな出来事や、深掘りすれば活かし方次第では大きなアドバンテージになる可能性のある「強み出来事」は、記憶の奥底にしまい込まれている。

しかし、どんな企業にも「変化点」があり、その変化点に対応した「強み事実」がある。それは「徐々に変化したもの」だと気づきにくい傾向があり、知らないうちに当たり前になっていることが多い。

そこで、「特定の顧客の特定のニーズとその理由」、そして「そのニーズを言った顧客側の事情」を再度思い出してもらう。その小さな変化点に「自社の小さな強み」をぶつけたはずだからである。

この変化の予兆は、小さく気づきにくいものだ。だから、今の「小さな変化」と「小さな強み」を具体的な事実として引っ張り出すことがコツなのである。

❹「強み」の経営資源と資産

経営改善を行うには、「強み」をさらに伸ばすことが肝要である。

そこで、徹底した「強み分析」「経営リソース分析」が必要になる。この「強み分析」が浅かったり、「よい点」ばかり並べても、経営リソースを多角的に使えるアイデアは生まれない。

「強み」≠「よい点」だということである。

「強み」は購買理由や「機会」の可能性に使えるが、「よい点」はまさによい点であり、購買理由や市場開拓に直結しない。

長期的には「よい点」はブランディング、モチベーション、評判などの効果はあるが、喫緊の課題には使えないことが多い。だから、「よい点」をいくら議論してもなかなか「よい点を活かした戦略」が出てこない。

　「強み」は、まず各企業が持っているいくつかの資産に目を向ける。そのなかで、以下の5つの資産を細かく分析していく。

---

①顧客資産

　顧客資産とは、今の顧客を今までとは違う活用方法、価値転換、多角的活用で新たな活かし方や、別途アイテム、新商品、新サービスで取引できないかを検討する。

②商材資産

　今の取扱商品、サービス内容、販売権、営業エリアだけでなく、今までとは違う販売チャネル、商材を活かした多角的開発や営業戦略を検討する。

③人材・技術資産

　今いる社員の持っている技術や特技、趣味を活用して、新たな商品やサービスの開発、多角化ができないか、また企業がもともと持っている技術や技能、知識を活用して、新たな商品開発や新機能提供の手段を検討する。

④設備・機能資産

　具体的な設備、不動産、組織の機能を活用して、新たな可能性を検討する。これらの設備、機能を使って何ができるか。

⑤特定異業種がコラボしたくなる固有資産

　自社の持っている経営リソースをほしがる異業種はどこか。そういう異業種と提携または合弁等で新たな事業開発の可能性はないか、などを検討する。

　さらに、各「強み」を価値転換したり多角的に活用しようとすれば、どんなことが可能か、などというように深めていく。

　そうすることで、「リソースの有形無形の活用」によってどんな可能性があるかが見えてくる。

　特に技術系企業は、「強み」自体が可能性の塊なので、ここを深掘りすることで多種多様な「機会」が見えてくる。

　次の表は、「強み」を深掘りするフレームである。

　先述のように「顧客資産」「商材資産」「人材・技術資産」「設備・機能資産」「コ

【強み】の深掘りフレーム

	機会に使える経営資源		業界やマーケットで同業者と比較	強みの価値転換・多角的活用
顧客資産	●今の顧客・特定顧客をどう活かせば新たな可能性が開けるか	A		
	●今の顧客に新たに提供できそうなジャンル	B		
商材資産	●今の商品・商圏・販売権を活用して新たな販売先やチャネル開拓など	C		
	●今の商品に追加することで、さらに広がる可能性	D		
人材・技術資産	●差別化に少しでも使えそうな従業員が持っている固有技術や技能（顧客が喜ぶなら趣味でも可）	E		
	●他社と比較して、見方を変えればPRできそうな人材、組織	F		
設備・機能資産	●設備機器、不動産、動産などで使い方次第では有効なもの	G		
	●これまでは不良資産扱いでも、見方を変えれば有効利用できそうなもの	H		
他社からコラボ要望がある資産	●自社の上記資産から、異業種や同業種から、受託、提携、OEM、コラボ企画される可能性のあるもの	I		
		J		

ラボ資産」を、先のヒントに沿って聴き出し、具体的な内容・固有の表現で「強み」欄に記入する。

　そして、各「強み」を他にどのような活用方法、価値転換があるか、議論してもらう。例えば、「顧客資産」で顧客リストがあるとする。それはどこまで管理されていて、それを他にどう活用できるか。例えば、オンライン通販をした場合、どう使えるかなど。

　さらに、「強み」を活用することでどんなシナジーが生まれるかを聴き出す。事業再構築補助金の事業計画書でも、「機会分析」が先ではなく、「強み分析」を先に行うほうが有効である。この「強み」の多角的活用は時間をかけて、小さな事項まで聴き出すと、さまざまなことが浮上してくる。

❺「強み」を多角的に聴き出す「30の質問」

　上記の5つの資産を聴き出すとき、どうしてもヒントや「強み」の切り口がほしい場合がある。そういうときは、下記の「30の質問」を参考にするとよい。このヒントは嶋田先生が実践を通して作成された質問なので、大変実用的なものとなっている。

　ただし、これらのヒントから出た「強み」が、「見込み客や顧客の直接の購買理由」につながるものかどうかを確認する必要がある。「機会」（狙う市場）に活かせるものであるかどうかが重要である。

【強み】のチェックポイント

	強みのヒント	こんな点が「強み」になる
1	「強み」につながるこだわり	その「こだわり」が評価されて、差別化になっており、収益に直結していること（収益に貢献しないこだわりは一人よがり）
2	「強み」につながるアフターサービス体制	リピートを決めるアフターサービスがブランド化され、アフターで紹介がくるくらいなら大きな強み
3	「強み」につながる熟練度・専門性知識力	ベテランが持っている技能知識が他社と比較して、わかりやすいPR力を持っている（わかりにくいのは強みになりにくい）
4	「強み」につながる設備力（顧客要望や収益を生むかどうか。生産設備、車両、建屋、他設備）	今持っている有形資産が顧客（今の顧客以外も含む）の買う理由になれば強みである

	強みのヒント	こんな点が「強み」になる
5	「強み」につながる価格圧力への対応力（商品別のコスト対応力）	特定商品なら価格適応力があれば、それを武器に顧客開拓もできる
6	「強み」につながる迅速な体制・クイックレスポンス	ホームページやパンフに掲載できる「○時間以内対応」など顧客に約束ができれば強み
7	「強み」につながる短納期対応力	短納期はかなりの強みである。または小口対応、別注品も短納期は勝負ができる
8	「強み」につながる物流体制・物流機能	物流体制の優劣は大きな差別化要因である。物流業者活用と自社便、センターの有無など
9	「強み」につながる意思決定のスピード・現場権限保持	本社集中権限だとスピードに欠ける。現場担当者に権限が大きいと同業者より有利
10	「強み」につながる垂直統合の一貫体制	自社内または自社グループで企画、設計、製造、物流、販売まで行い、ワンストップでスピーディなら強み
11	「強み」につながる水平展開	商品機能や技術が横展開可能かどうか、また他企業とネットワークを組んでアウトソーシングすることで具体的な強みがあるかどうか
12	「強み」につながる新商品の情報、開発機能	新商品の開発につながる情報収集手段、開発能力、開発期間などがライバルより優位性があるかどうか
13	「強み」につながる商品バリエーション・品揃え	商品の品揃え自体が顧客からメリットだが、多面的な販売先がないと在庫負担になるという弱みにもなる
14	「強み」につながる差別化技術・差別化ノウハウ・	ある特定部分の技術、ノウハウで差別化できていること。それで顧客が喜ぶこと
15	「強み」につながる顧客との関係の深さ・マーケティング力	マーケティングで他社より上手な点。最近では Web マーケティングもリアルと同じくらい重要
16	「強み」につながる顧客が面倒くさがることへの対応、顧客の要望の具現化	顧客が喜んでも費用を払わない、自社だけがきつい思いをしているだけなら、強みにはならない
17	「強み」につながる知的財産	知的コンテンツ、特許、商標登録、ロイヤリティ収入等

	強みのヒント	こんな点が「強み」になる
18	「強み」につながる地理的優位性	場所はいろいろな商売をするうえで重要。その地理がどう魅力的なのか
19	「強み」につながる思い切った投資ができる資金力	資金力は設備投資、人材採用等コストがかかるが、対応できるのはかなり大きな強み
20	「強み」につながるブレーン、ネットワークの充実	どんな人を知っているか、どんな企業が支援してくれるか
21	「強み」につながる社内の技術的優位性	技術面で顧客開拓に直結できる優位性
22	「強み」につながるソフト力（ソリューション提案）の優位性	本商品の取引だけでなくソフトサービス面で強みは何か。そのソフトがハッキリと顧客との差別化になっていなければ強みとは言えない
23	「強み」につながる取扱商品の販売権、独占権	その取扱商材が権利で守られているなら、その商品が強い間は強みになる
24	「強み」につながる顧客が喜ぶIT環境	受発注や在庫管理がIT活用でリアルタイムに顧客に対応可能なら強みと言える。それが差別化の条件の場合
30	「強み」につながるIT、Web、SNS等が活用できる体制	ITを使って顧客との情報共有が迅速化して、開拓したい企業の取引条件なら強み
26	「強み」につながる組織の多様性・多能性（フレキシブルに事業転換ができる組織）	専門的固定的な組織が顧客ニーズに応えられない場合、多能工が多いとかフレキシブル組織は強み
27	「強み」につながる法規制・規制緩和などの法制度面の保護、関係性	法律改正や行政からの方針、規制が自社をガードし、取引条件になっているなら強み
28	「強み」につながる顧客層・エリア	具体的な顧客カテゴリーがどこか、どんな特性の顧客に強いのか
29	「強み」につながるサービス	自社が行っているいろいろなサービスで顧客が評価していること
30	その他「強み」につながると言えるもの	

(2) 「機会分析」のコツ

❶「機会分析」は小さな変化をクローズアップする

　「機会分析」は「今後の可能性」でもある。したがって、現在すでに市場が大きく、競合が激しいレッドオーシャンは外すことが多い。ただし、そのレッドオーシャン市場に、自社の優れた差別化できる「強み」が活かせるなら、それはレッドオーシャンの中のブルーオーシャンの発見ということで、取り上げることもある。

　一般的には、今顧客まわりや現場で起こっている小さな市場の変化やニーズの変化などの「ニッチ市場」が該当する。

　小さな変化は2つに分かれる。

- ●いずれ大きなうねりとなって市場拡大する
- ●小さな変化のまま市場規模が伸びない

　この見極めは難しいところだが、仮に「小さな変化のまま市場規模が伸びない」としても、競合他社も少なく、そこに徹底して経営資源を集中することで、全国展開が可能という場合もある。

　「機会分析」での小さな変化や可能性も、「強み」と連動して取り上げるべきかどうかを、同時に議論して進めていく。

❷経営者や幹部は、必ず「潜在情報」を持っている

　クロスSWOT分析をしているとき、経営者や幹部から「機会の意見がなかなか出ない」ということが多いのは事実である。だが、

- ●顧客現場を知っている経営者や幹部
- ●同業者の動きや情報を知っている経営者や幹部
- ●仕入先や関連先から情報を聞いている経営者や幹部

など、必ず有用な情報を持っているものだ。

　しかし、「今後の可能性は何かないですか？」とありきたりの質問をしても、「なかなかないね」「あればやってますよ」と一蹴される。

　「機会分析」での質問においても、「根掘り葉掘り」質問が不可欠である。「根掘り葉掘り質問」とは、一つのことを聴いて、相手が反応したら、そのことに5W2Hで再質問を続けることである。

　仮に「顧客が言った言葉」を一つ聴いたら、

- どんな顧客が言ったのか
- なぜ、その顧客はそんなことを言ったのか
- その顧客はどんなタイミングでそう言ったのか
- ほかに似たような情報を話した顧客はいないか
- その顧客の言ったことは具現化できそうか、できないならなぜできないのか

こういうことを「根掘り葉掘り」聴いていく。

「強み分析」でも同じだが、「広く質問するな、深く質問せよ」がコツである。

❸機会分析に使う「30のタラレバ質問」とは

　下記の機会の「タラレバヒント」の質問も嶋田先生が実践から得たノウハウにより作成されたもので、大変実用的なものとなっている。

【機会】のタラレバヒント

	機会の「タラレバ」のヒント	考え方
1	同業者や異業種を参考にして、高付加価値のニーズに対応した「高価格商品」を実現するには、どんな具体的な商材・サービスを開発すれば可能か	どんな高付加価値に顧客は関心を示すか。ブランド力がある企業や商品は、どんな理由で高くても買うのか
2	現在の商材に対して、サービスや機能、容量、頻度、手間を大幅に減らし、どういう「低価格商材」を実現すれば、販売チャンスが広がるか	単に値下げすることは利益をなくす。あるファクターを削って低価格にしても顧客には何の問題もなく、購入してくれる商品はどんなものか
3	Web、Facebook、X、AI等、ITのさらなる普及をどう上手に利用すれば、販売増になるか	SNSやタブレット、スマホなど急激に変化するIT環境に対して、どんなことに、どんな商品をぶつければ、商機があるか
4	顧客（消費者）の「品質面」のニーズに応えるには、どういう具体的なサービスや機能提供、品質内容にすれば可能か	顧客が求める安全性等の品質基準に自社が対応できるなら、それをブランド化することで拡販ができないか
5	顧客（消費者）の「嗜好性」に、どういう商材・どういうサービスを開発すれば、販売拡大が可能か	顧客の嗜好性や好みの変化はどうか。どういうポイントを強調すればそれにマッチするか

	機会の「タラレバ」のヒント	考え方
6	顧客の不便さの解消につながる商材やサービスは、どういう点を強調すれば販売増が可能か	顧客が不満を感じ、費用を出しても何とかしたいと思っている要素は何か。どこにフォーカスすればPRがうまくいくか
7	あえて「無料」「フリー化」を進めることで広がるビジネスはどんなことが考えられるか	ある商品・サービスを無料、使い放題にした場合、どんなメリットが生まれ、それはどんな売上増につながっていくか
8	自社の位置づけを「納入業者」から「仕入先」または「外注先」「アウトソーシング先」に変えた場合、どういう商材なら可能性があるか	原価関連の納入先か、経費関連の納入先か、すでに付き合いのある顧客に次元の異なる商材を提案する
9	現在の市場（営業地域）だけでなく、域外、海外などのエリア拡大をすれば、どういうチャンスがあるか（販売面や調達面も含めて）	県外、ブロック外、国外への拠点展開で、Web、コラボや提携等、小資本で展開可能な事業は、どこにどう営業すれば可能か
10	Webを活用して、通販、直販、顧客との直接のネットワークを構築すれば、どんなビジネスチャンスの拡大が可能か	「インターネットで売れない商品はない」といわれるなかで、既存商品や新商品をWebで売るためには、どんな規格で、どんな手法で、どんなサイトで行えば可能か
11	顧客との共同開発、OEM（相手先ブランドによる製造）等、顧客との相互取り組みによるチャンスはどういうものが可能か	こちらから提案するような顧客のPB（プライベートブランド）商品や、共同開発による双方のコスト削減、その後の自社ブランド商品への展開など
12	ネーミング・パッケージ・容量・流通ルートなどを変えることで、新たな顧客の取り込みや既存客増のアイテムにつながる可能性はないか	販売ターゲットを変えた場合、既存商品の見た目、規格変更、流通ルートはどんなことが可能か
13	既存商品の「周辺サービス」「周辺業務」「周辺商品」を受注するには、どういう商材が可能か	既存商品では競合との価格競争になるが、既存商品の周辺商品・サービスをパッケージ化し、同業者にも営業が可能なものはないか

	機会の「タラレバ」のヒント	考え方
14	既存商品の「リペア・リサイクル・リフォームによる低価格の付加価値商品」を特定商材やサービスで実現することで、販売拡大が可能になるとすればどんなことか	財布の紐が固い時代、買い替え頻度が延びて、商品を長持ちさせるというニーズに応えて、3Rを商品パッケージにするにはどんなことがあるか
15	技術革新や輸入品等で新たな代用品や代替品を仕入れることができれば、どういうチャンスが広がるか	為替にもよるが、今の仕入商品や規格を変更して低価格や高品質、業界秩序外の販売が可能としたら何か
16	別ブランド等を、直販、通販、ネット販売等の直接販売で、どう具体的に展開すれば、新たなチャンスにつながるか	既存商品や今の会社名では直販が難しい場合、別ブランドによるネット通販とか、直販店などの新たな独自チャネルはないか
17	今の商材の使われ方・用途を変えることで、新たな用途開発につながる「価値転換」があるとすればどういうことか	今の商品の売り方、今の使われ方以外の価値は何か。その場合、どんな開発が必要で、どんな流通ルートに乗せられるか
18	同業者や競合他社をライバルとしてではなく、顧客・ネットワークと考えた場合、どういうビジネスチャンスがあるか	自社のある商品を同業者にも売れないか。また同業者とコラボや提携することで新たな可能性のある分野は何か
19	同業者の二番煎じでマネしたい戦略は何か。どうしてその戦略は有効だと思うか	「柳の下にドジョウは2匹まで」同業他社のやり方で圧倒的なシェアを持っているなら、同じことをしてみる
20	同業他社独占のオンリー客を攻めて顧客開拓をするとしたら、どういう武器をぶつければチャンスになるか	オンリー客は競合を求めている。オンリー客は同業者もあぐらをかきがち。攻めるポイントがあるはず
21	既存客からさらにビジネスチャンスをつかむ、アフターサービスや顧客管理・メンテナンスは、具体的にどういう強化を図れば売上増が見込めるか	どんな有料のアフターサービスなら顧客は納得するか。ライバルと差別化できるアフターサービスは何か。アフターサービスをブランド化するには何が必要か
22	今まで無償だったサービスの品質を上げて、どんな有償サービスを開発すれば顧客は費用がかかってもそのサービスを求めると思うか	サービスを有償化することで、顧客が費用を出しても求めるサービスがわかる

	機会の「タラレバ」のヒント	考え方
23	顧客がアウトソーシングしてでも手間を省きたい、または「どこかの業者がやってくれるなら丸投げしたい」と思っていることはどんなことか	顧客が面倒くさがっていること、顧客が困っていることで、自社が少しの努力で対応できることは何か
24	仕入先や仕入商品を変更したり、切り替えることでどんな可能性があるか	既存の販売ルートや販売権を持った営業、系列の付き合いが邪魔になって、新たな動きができないなら、仕入先を変えることでできることは何か
25	今の製品や商品を使って、新しいビジネスや今までとはまったく異なる販売先ができるとしたら、どんなところか	今までの販売系列だけでなく、違う流通ルートが発生している場合や、個人取引が今後増えるなら、どんな動きをすべきか
26	円安円高で、輸出入品の価格変動があれば、どんな可能性が出てくるか	ここは経済に左右される分野。今は円安傾向だが今の経済状況で輸入コストが上がっているなら、代替商品を国内産にするなど
27	政府のインフラ整備や成長戦略、金融緩和から、どんな可能性が出てくるか	ここは政治に左右される分野。大規模景気政策、老朽化インフラ対策、規制緩和からできることなど
28	少子高齢化の動きのなかで、自社のビジネスチャンスは何か	自社に関連があるビジネスで、少子化で享受できる具体的なメリット、高齢化で生まれる新たな需要は何か
29	海外展開などグローバルに考えた場合、ビジネスチャンスを広げる動きのなかでどんな可能性があるか	海外進出や海外からの輸入などの可能性に新たな機会があるなら、該当する
30	その他、少しでも外部環境の変化から自社にメリットがある動きは何か	消費者意識、生活スタイル、温暖化、環境保護、新技術、自由貿易協定の関税の緩和等から、どんな可能性があるか

❹「機会（可能性）分析」を引き出しやすい超簡単「８つの質問」

「30のタラレバヒント」を一つずつ紐解けばよいが、それでは時間があまりにもかかりすぎるという難点がある。

これらの「機会質問」は覚えることも難しいし、該当しない企業も多いことから、もう少し絞った「汎用性の高い質問」として、どの企業にも使える「超簡単８つの機会質問」も紹介する。

①質問１：BCランク客の具体的なニーズ

取引額の少ない顧客でも、価格や納期以外にいろいろなニーズがある。

Ｂランク、Ｃランクの顧客に

「なぜ当社から購入するのか」

「もっと安くて、品ぞろえの多い大手やライバルがいるはずなのに、少額とはいえ、なぜ当社から買うのか」

このあたりの本音が「隠れた機会」になることがある。

②質問２：予期せぬ成功・新たな可能性

こちらが想定した商品の使い方や活用方法ではなく、一部の顧客は別ジャンルでの使い方、想定外の活用をしている可能性がある。その想定外こそ新商品のヒントだ。そこに供給者が気づいていない「隠れたニーズ」があるからだ。

③質問３：既存業者・新規見込み客がいら立っていること（困りごと）

今の供給者側の論理や提供のあり方に対して、

「実際に顧客がイライラしていること」

「仕方ないとあきらめていること」

「本当は困っているけれど、どこも対策を出さないから、放置していること」

これがわかれば、開発や多角化のヒントになる。

④質問４：そこまで要求しないから、もっと低価格に（そぎ落としの低価格需要）

本当に必要な機能だけを要求する顧客の声である。

もしかしたら、当たり前に提供していることが「オーバースペック」になっていて、「そんな機能やサービスはいらないから、もっと安くしてくれ」と思っているかもしれない。

その声こそ、開発のヒントである。

⑤質問５：お金を払うから、もっとここまでしてほしいニーズ（高価格帯需要）

顧客側の人手不足や管理不全で、もし供給者側が「顧客の負担軽減になるサービス」の付加価値を提供するなら、顧客がお金を払うことは何かを考える。

一部の顧客の声があるということは、全国的にも少なからずマーケットが存在していることを示している。

⑥質問６：こんな商品あったら買いたい、こんな企画ならいけそうというニーズ

　顧客の立ち場に立って、隠れたニーズや購買動機を考えてみる。

　それが自社の商品やサービスとつながっていないか、新規に商品開発できないかを検討する。

⑦質問７：他社の模倣でもいけそうな可能性

　二番煎じで真似をするという考え方であるが、市場ニーズをつかんでおり、それが自社のターゲット顧客や市場に合致していれば、追い風に乗ることができる。

⑧質問８：その他、新しいビジネスモデルでの要望

　時代の流れや新たなトレンド、ニッチ市場のニーズなど、業界が進む方向もこれに入る。

　次ページに、上記８つの質問が入った「機会」のフレームを掲載した。それぞれのヒントとなる項目の枠に、ヒアリングしながら具体的に記入していくと、「真のニーズ」や「将来のチャンス」が見えてくるものだ。

　頭の中にぼんやりあったことや、記憶の彼方に消えてしまったことが、具体的なイメージや言葉になって表現され、まとまってくる。

「機会分析」のフレーム

	深掘りする質問	聴き出すヒント	どんな顧客が（どんな特性の顧客が）	具体的に何があるか	なぜそう言うのか。何が原因か（具体的に）
1	B、Cランク客の具体的なニーズ	● めったに買いに来ない客が言ったニーズ ● 日ごろ購入する業者で買わず少量・臨時の購入で自社に来た理由			
2	予期せぬ成功・新たな可能性	● まさかそんな使い方をしているとは… ● そういうアイデアを顧客が持っているとは… ● 想定していなかったニーズ			
3	既存客・新規見込み客がいら立っていること（困りごと）	● なぜそこまで時間がかかるのか、なぜそんなに高いのかの不満は何？ ● どこも対応してくれないから仕方なく顧客があきらめていること			
4	そこまで要求しないから、もっと低価格のニーズ（そぎ落としの低価格需要）	● 必要な機能やスペックはここだけで、他はいらないと顧客が思っていること ● 無駄な機能やスペック、過剰なサービスを減らしても顧客が喜ぶもの			
5	お金を払うから、もっとここまでしてほしいニーズ（高価格帯需要）	● 顧客が困っていることに適応するなら高くても買う理由 ● こんな顧客なら、こんな高スペックや高品質の商品を買うだろう			
6	こんな商品あったら買いたい・こんな企画ならいけそうというニーズ	● このターゲット顧客が喜びそうな商品とは ● このターゲット顧客なら、こんなイベントや販促、企画、アフターサービスを求めているだろう			
7	他社の模倣でもいけそうな可能性	● あの同業者のあの商品の類似品ならいけそうだ ● 二番煎じでも行けそうな商品とターゲット顧客			
8	新しいビジネスモデルでの要望	● コロナで生まれた新たなニーズ ● これからの顧客が求める商品サービスは？			

(3)「脅威分析」のヒント

❶「脅威分析」の基本は、あまり時間をかけないこと

　「脅威分析」とは、「どこどこが」「○○のせいで」「どれくらい悪くなるか、厳しくなるか」と具体的に議論することである。

　「脅威分析」をするとき、時代の流れ、商品ライフサイクルを見据えて、具体的に「何が」「どう脅威なのか」を表現する。

　ただし、「脅威分析」は、「機会分析」の前に少しだけ時間をとる程度にするのもコツである。実際に何が「脅威」であるかは、SWOT分析検討参加者はわかっている。厳しい現実に直面しているので、肌身に染みて実感している。

　そこに多くの時間を割いてネガティブ意見を積み上げても、「できない理由の正当化」と自信をなくすだけである。

　ただし、後述する「致命傷回避・撤退縮小戦略」を考える際、「どの分野の商品」「どの顧客」が今後「どう悪くなるのか」はしっかり議論しておく必要がある。

❷「脅威」質問の具体例

　脅威分析をするとき、「今の市場変化で当社にマイナスの要素となる外部環境を言ってください」と質問するだけで、収拾がつかないくらいに次々に出てくる。

　したがって、この「脅威分析」は、その内容の結果「致命傷回避・撤退縮小戦略」にどう影響するかを意識しながら、脅威事項をまとめる程度に抑える。

【脅威】のチェックポイント

分野		「脅威」チェックポイント
市場・顧客	〈1〉	顧客（消費者）からの「価格面」の圧力や低価格ニーズはどういう点が自社の「脅威」となりうるか
	〈2〉	顧客（消費者）からの「品質面」の圧力や品質ニーズはどういう点が自社の「脅威」となりうるか
	〈3〉	顧客（消費者）からの「サービス面」「スピード対応要求」の圧力やニーズはどういう点が自社の「脅威」となりうるか
	〈4〉	技術革新による代替品や、低価格の輸入品等の供給による「脅威」は具体的にどういうものがあるか
	〈5〉	社会的なニーズや消費者意識の変化で「脅威」になるとしたら、どういうことか

分野		「脅威」チェックポイント
市場・顧客	〈6〉	現在の主力取引先や主要顧客の購買力や購入頻度、購入単価はどうマイナスに作用すると思われるか
	〈7〉	クラウド、インターネット、SNS等、ITの普及で自社にどんなマイナスの影響が「脅威」として現れると思うか
	〈8〉	自社の営業地域・マーケットの人口動態やライフスタイルの変化で「脅威」になるとしたらどういうことか
競合	〈9〉	今後どういう企業や業者が自社のマーケットへの新規参入が考えられるか。またその具体的な悪い影響はどういうものか
	〈10〉	競合他社の動きで警戒すべき「脅威」になる動きは何か（近隣出店や自社分野への大手の参入等）
供給先	〈11〉	仕入先・外注先の動向や要望で「脅威」になることは何か（値上げ、事業縮小・廃業、サービス縮減、品質問題等）
	〈12〉	今まで取引のある仕入先や外注先は、今後どういう要求や、自社に不利な条件を投げてくる可能性があるか
	〈13〉	世界的な資源高（石油含む）の影響で、今後どういう「脅威」が業績に影響するか
流通	〈14〉	元請や仲介先のニーズの変化や自社への圧力では、どういうことが「脅威」になるか
	〈15〉	直販、通販、ネット販売等の直接販売の動きでは、どういう「脅威」的な展開が今後具体的に業績にマイナス影響するか
	〈16〉	既存事業の不動産における「脅威」は何か考えられるか（立ち退き、老朽化、賃料値上げ、近隣ライバル出現ほか）
政治・法規制・緩和	〈17〉	法律の改正等で新たに規制が強化されそうな動きで、自社の業績に直結する「脅威」の動きは何か
	〈18〉	逆に規制が緩和されそうな動きで、参入障壁が低くなったり、自由化されて、自社の経営に直結する「脅威」の動きは何か
	〈19〉	労働環境や労働行政の影響で、自社の業績に直結する「脅威」の動きは何か（人件費コストや各種のしばり）
海外・経済・動向	〈20〉	金融行政の新たな動きや金融機関の今後の動きで「脅威」になるとしたら、どういうことか
	〈21〉	対中国、対米国、対ＥＵ、対アジア他などの世界情勢の変化や影響で、自社に具体的な「脅威」になることは何か
	〈22〉	国内経済の影響では、どういう状況になれば自社に具体的な「脅威」が顕在化するか

3

（4）「弱み分析」のヒント

❶「弱みの整理」と注意点

　まず、よく誤解されていることがある。それは、「弱み」は「悪い点」「改善点」ではないということである（弱み≠悪い点）。

　「弱み」とは、「機会」や「可能性」に使えない経営資源、つまりネックになっている事項が「弱み」になるということである。

　また、「弱み」を聴き出すとき、「できない理由」「やらない理由」の意見に流されてはいけない。

　大手や先進同業者と比較するのもよくない。比較するのは、「狙うニッチ市場」の競合先に対して、「弱み」がネックになる場合のみ限定する。とにかく、「マーケット分析に関連のない弱みは無視する」つもりで検討を進める。

　また、「弱み」分析にあまり時間を割かないことも重要である。「弱み」を深く追究すれば、「できない理由」を正当化させてしまう恐れがあり、「弱み分析」ではなく「弱気拡散」に早変わりする危険性があるからである。

❷「弱み」のチェックポイント

　そこで、「弱み」については、以下の表のようにポイントを絞ってヒアリングすることを心掛ける。基本的に中小企業には潤沢なリソースがあるはずもなく、あるのは「弱み」ばかり……それらをいくら拾い上げても、やる気を失うだけで、いいアイデアや前向きな戦略は出てこない。あくまで必要最低限の分析にとどめておくべきである。

【弱み】のチェックポイント

	チェックポイント
1	競合社と比較して、自社が明らかに負けている点（ヒト、モノ、カネ、技術、情報、効率、社内環境等）は何か
2	顧客ニーズに対応していない点は何か。その結果、どういう現象が起こっているか
3	顧客開拓、企画力での弱みは何か
4	業績悪化要因につながっている弱みは何か
5	商品力、開発力、サービス力での弱みは何か
6	サービス力での弱みは何か
7	コスト力、価格力での弱みは何か
8	人材基盤（社員の能力、層、組織力）の弱みは何か
9	設備力、資金力の弱みは何か
10	顧客クレームで多い項目は何か
11	明らかに弱みと思われる社内事情（風土、気質、モチベーション等）は何か

5 クロス分析から4つの戦略を抽出する

　クロスSWOT分析は、ここからが本番ともいうべきプロセスである。内部要因の「強み」「弱み」、外部環境の「機会」「脅威」の4つのカテゴリーの内容をまとめたあとは、これらを掛け合わせて、具体的な戦略を抽出し、できれば戦術レベルまで落とし込んでいく。

（1）SWOT分析の要諦「積極戦略」のフレームと記載事項

❶「積極戦略」＝「強み」×「機会」で戦略を抽出する

　従来は空白のフレームに「強み」×「機会」、その掛け合わせである「積極戦略」を自由に書くフレームであった。

　ただし、「強み」と「機会」の掛け合わせだけでは、何をどう書いてよいのかわからないという声も多くあった。そこで、「こういう書き方をしてほしい」というカテゴリーを決めた。それが62〜63ページの表である。

　この積極戦略の抽出は、当初は「タラレバ」であり、空想の域を出なくてもよいだろう。検討を重ねていくうちに、それが徐々に具体的なイメージになっていくのである。

❷具体的な表現、固有名詞、数値

　積極戦略シートの左側の「内容欄」で商品、顧客について聴き出すとき、提案するときのヒントとなるのが組み合わせである。具体的には、例えば「強みの1番」と「機会のA、B」の掛け合わせをする。

　「何をどうする」は、この掛け合わせた重点戦略の名前になる。一般的にはKSF（Key Success Factor ＝重要成功要因）と言われるものである。

　「どのようにして」という手法や進め方は、その重点戦略の中身を具体的に書き出す。

「どんなカタチに、どんな結果にする」では、この重点戦略に取り組むことで、どんな行動をし、その結果どんな具体的な変化や結果が出てくるかを具体的な言葉や固有名詞で書く。

　「売上効果」とは、その重点戦略を実施したら、概算でいくらぐらいの単価で、どれくらい販売できて、売上にどう貢献するか、概算数値も記載する。

　「かかる原価・販管費」とは、その重点戦略を実行する際、必要な原価（材料費または仕入、労務費、外注費、現場経費等）や新たに発生する販管費（人件費、広告宣伝費、減価償却費、指導料など）を記載する。

　「KPI（Key Performance Indicator＝重要業績評価指標）」とは、この戦略を実現するために必要な重要行動やプロセスを指標として設定する事項を書く。例えば、チラシ1,000戸・枚／月配布、来場者20人／日など、具体的な行動内容を示す。

❸積極戦略は「機会」から誘導し、優先順位を把握する

　事業再構築補助金の計画書等多くの経営計画書では、「強みを活かして……」ということが要項などで示されている。先述のように「強み分析」が重要なことは言うまでもない。

　だが、「強み優先」だけで判断すると、プロダクトアウト（生産者志向）になりがちになるという懸念がある。積極戦略の原則は「マーケットイン（顧客志向）」だから、「機会分析」によって徹底したニッチニーズ・ニッチ市場をピックアップすることが重要である。

　「機会分析」の項でも述べたが、重要なのは機会分析の「なぜなぜ分析」である。なぜその顧客はそんなニーズを言うのか、なぜその顧客は他にも同業者がいるのにわが社に依頼したのか、わが社に依頼したということは、どんな課題がその顧客にはあり、それが解決できずにどんな困りごとがあるのか……このような「なぜなぜ分析」によって「積極戦略」の優先順位を決める要素になっていく。

　実際のSWOT分析コンサルティングでは、「この複数ある機会のなかで、一番可能性が高く、取り組みやすそうなものはどれですか？」と必ず聞く。すると、経営者はそのいくつかある「機会」から、何を優先的に行うか直感的にイメージする。

　したがって、ここから積極戦略の優先順位が決まってくる。経営リソースが少ない中小企業では着手できる積極戦略も限られるので、優先順は重要な戦略マターである。

【積極戦略】の検討フレーム

	内容	組み合わせ	何をどうする
商品	新商品・新サービス開発 ●今売れている他社の商品 ●事業再構築に使える新商品 ●今開発中・または仕入れ検討中の商品 ●新コンセプトの商品 ●新ターゲット向けの商品 ●新マーケット向け無料、超低価格商品の開発	「強み」と「機会」の組み合わせ	
	既存商品リニューアル ●売れ筋なのに、老朽化して人気がなくなったもの ●中身を変えずにネーミング、容量、パッケージを変えたら売れる可能性 ●顧客から聴いた「ここを変えてほしい」と言われたもの	〃	
	既存商品の新付加価値 ●使い勝手の改善、機能の改善 ●アフターサービスの高機能化 ●原材料の変更や仕入れメーカーの変更 ●品質のいい材料、プレミアム商品、高機能商品	〃	
	売価アップ策 ●原価が上がって、至急値上げが必要なもの ●値上げ時に、どんな交渉をするか、どんな見せる根拠を出すか ●商品リニューアル（ポーションダウン、見た目変更）ステルス値上げができるもの	〃	
	重点キャンペーン ●特定の商品を一気に売るためにどんな企画があるか ●顧客拡大につながる紹介、デモ、セミナーなどは ●無料提供物で特定商品を売る ●クロスセル、アップセル	〃	
	新販促策・新マーケティング戦略 ●デモ、FAXDM、DM、セミナーでPR ●直販サイトでWeb通販の展開 ●新規客が飛びつく「低価格」「無料」企画 ●動画を使ったインサイドセールス	〃	
	その他	〃	
顧客	新規口座・見込み客開拓 ●イベント・展示会などの参加 ●既存客からの紹介促進 ●他社と提携による紹介促進 ●狙う新規見込み先ターゲット	「強み」と「機会」の組み合わせ	
	新販売チャネル・新代理店 ●直販から問屋、代理店経由ならどこか ●直販できる顧客や商品 ●新たな販路開拓（地域外、海外など） ●販売提携、商品供給の提携など	〃	
	既存顧客活性化策 ●どんな販売支援（ディーラーヘルプ）をすれば、顧客（代理店）がもっと売るか ●顧客先への勉強会、販促ツールの提供、期間キャンペーンなど ●既存客の売上増につながる商材の改良・改善 ●既存客、ロイヤルカスタマーが得をする仕掛け	〃	
	外部機関との提携 ●異業種と共同企画ができないか ●同業者と共同企画ができないか ●見込み客情報収集につながる異業種との提携	〃	
	アフターサービス ●どんなアフターをすれば、有料化できるか ●休眠客にどんなアフターをすれば復活できるか ●アフターサービス自体で差別化し、既存客から売上を上げるには ●メンテナンスサービスを事業化するには	〃	
	OEM、代理店等 ●相手先ブランドで供給できる商品 ●仕入れて自社ブランドで売るものや販売先はどこか ● PB商品の取り扱い、または売り込み ●販売代理店づくり、FCづくり	〃	
	その他	〃	

どうやって・手法・進め方	どんなカタチに・どんな結果にする	売上効果	原価・販管費	KPI

(2) 「致命傷回避・撤退縮小戦略」のフレームと記載事項

　「致命傷回避・撤退縮小戦略」のフレームである。この戦略では、既存の事業や商材、顧客のなかで、「撤退縮小」する分野が出てくる。そうしないと、前述の「積極戦略」に経営資源を集中できなくなるからだ。

　具体的には、下記のヒントに沿って、詳細を聴き出すことになる。

　フレーム内の右側の欄では、組み合わせ結果の具体策を「何をどうする」「どうやって、どんな手法で」「どんなカタチにする・結果にする」「その結果の売上縮小結果」「撤退に伴う原価アップや撤退コストの販管費アップ」などを記述する。そして、撤退縮小を円滑にする行動プロセスとしてのKPIをそれぞれ設定する。

●商品の取捨選択

　今の商材のカットや縮小をしたほうがよい商材名を書き出す。

●顧客の取捨選択

　既存顧客を業績に沿って分ける。いわば儲からない顧客との取引を縮小、廃止していく。「手間を削減する取引先」「他社へ紹介し、自社が撤退する取引先」など、今後の業績と強み顧客に経営資源を集中するために、エネルギーとコストを減らす顧客を明確にする。

●組織

　経営資源の適正配置のため、「組織の見直し」「一部の社員や部門の雇用形態の見直し」「人事制度や評価制度の見直し」「IT化、DX化での間接コスト削減」などが検討される。

●コスト

　仕入先の多様化、労務費・外注費の使い分け、撤退縮小に伴うコスト、ムダ・の削減対策、IT化・ロボット化・機械化によるコスト削減などが検討される。

【致命傷回避・撤退縮小戦略】の検討フレーム

	内容	組み合わせ	何を どうする	どうやって・ 手法・進め方	どんなカタチに・ どんな結果にする	売上効果	原価・ 販管費	KPI
商品	既存商品の 取捨選択	「弱み」と 「脅威」の 組み合わせ						
顧客	顧客の 取捨選択	〃						
組織	組織体制変 更・構造見 直し	〃						
	雇用形態・ 委託・外注 化	〃						
	人事賃金 制度改革	〃						
	IT化	〃						
	その他	〃						
コスト	原材料改革	〃						
	人件費・ 労務費改革	〃						
	外注費改革	〃						
	撤退縮小・ 部門リスト ラ等	〃						
	ムダ・ロス 対策	〃						
	ITによる コスト削減	〃						

（3）「改善戦略」のフレームと記載事項

　「改善戦略」は、「機会（可能性）」があるのに、自社の経営リソースが弱い状態である。したがって、時間をかけて内部課題の解決をするときの書き方となる。

- ●「弱みさえなければ、強化したいターゲットと具体的なニーズがある」場合は、「積極戦略」のキーワードをほぼ転記する。
- ●「機会」をつかみにいけない自社の致命的「弱み」の原因では、「弱み」の事実とその原因を書き出す。ここでは「人手不足」を挙げる経営者が多いが、「概念的な人材不足」を原因にせず、物理的な不足要素を書くようにすると、中期計画での人材投資計画が具体的になる。
- ●「何をどうやって弱みを克服するか」では、フレームに沿って5W2Hで書き出す。ここでも雲をつかむような人材採用などの表現ではなく、実現可能で具体的な表記を心がける。

【改善戦略】の検討フレーム

【改善戦略】機会をつかみにいくため、強化する具体的な経営資源と戦略						
「弱み」と「機会」の組み合わせ	弱みさえなければ、強化したいターゲットと具体的なニーズ					
	「機会」を取りにいけない自社の致命的「弱み」の原因					
	何をどうやって「弱み」を改善するか	誰・どの部門が				
		何を				
		どうやって				
		いつまでに				
	収支への反映（概算）	年度	2024 年	2025 年	2026 年	2027 年
		●売上可能性				
		●数量／単価				
		●原価／粗利率				
		●経費／償却等				
		●利益効果				
		● KPI（　　）				
「弱み」と「機会」の組み合わせ	弱みさえなければ、強化したいターゲットと具体的なニーズ					
	「機会」を取りにいけない自社の致命的「弱み」の原因					
	何をどうやって「弱み」を改善するか	誰・どの部門が				
		何を				
		どうやって				
		いつまでに				
	収支への反映（概算）	年度	2024 年	2025 年	2026 年	2027 年
		●売上可能性				
		●数量／単価				
		●原価／粗利率				
		●経費／償却等				
		●利益効果				
		● KPI（　　）				

(4)「差別化戦略」のフレームと記載事項

差別化戦略では、大きく分けて「ポジティブ戦略」と「ネガティブ戦略」に分類する。

「ポジティブ戦略」は、現在の市況が厳しくても、そこで圧倒的に優位になるために規模拡大を図る。例えば、買収・提携戦略を指す。

「ネガティブ戦略」では、市場の未来がないから早い段階で撤退し、縮小・リストラや売却戦略をとることをいう。

双方とも、この戦略に該当する「脅威」と「自社の強み」から考え、具体的な企業名または業種を記載し、その戦略の進め方を記載する。

差別化戦略は、一般的な中小企業では、あまりとれない戦略である。

【差別化戦略】の検討フレーム

	内容	組み合わせ	何をどうする	どうやって・手法・進め方	どんなカタチに・どんな結果にする	売上効果	原価・販管費	KPI
ポジティブ	買収	「強み」と「脅威」の掛け合わせ						
ポジティブ	提携	〃						
ネガティブ	縮小・リストラ	〃						
ネガティブ	売却・撤退	〃						

6 MGS式SWOT分析コーチングメソッド

（1） クロス SWOT 分析の間違った検討の仕方

　クロス SWOT 分析は、ゴール、落としどころを知らずに行うと、いい結果が出にくい。SWOT の 4 つの要素カテゴリー（強み、弱み、機会、脅威）だけ検討しても、現状認識だけで終わってしまい、独自戦略などは何も出てこない（クロス分析をすることで見出すことができる）。

　「機会」も「強み」も、「何かないですか？」と呼びかけても、意見はなかなか出てこないものである（コーディネーターがヒントを出してこそ、議論が進む）。

　また、「弱み」と「脅威」に時間を多くとると、検討の雰囲気がとても悪くなる（ネガティブ思考からは何も生まれない）。

　「業界の常識」などで無理やりフレームに落とし込むと、「魅力がなく独自性のない結果」となる。業界の常識や模範例をなぞっても差別化できず、単なる業界 SWOT になってしまうだけである。

　このように、SWOT という分析ツールがあり、それに沿ってコーディネートしていくだけでは、"中身の浅い"結果しか出てこないのだ。こうした問題を解決するのに最適な虎の巻がある。『SWOT 分析コーチングメソッド』（マネジメント社）である。コーディネーターが実際に使えるノウハウが細かく解説されている。

（2） SWOT 分析で効果を出す人と出さない人の違い

　SWOT 分析で効果を出す人と出さない人の違いは、知識や経験数の違いと思いがちであるが、本当にそうだろうか。

❶ SWOT 分析の経験が豊富なコンサルタントＡ氏
　関連教材を何回も学習し、実践でも使っており、勉強熱心。SWOT 分析だけ

でなく、さまざまなフレームワークを学び、経験豊かであり、コンサルタントとしても 20 年を超えるベテランである。

しかし、彼が行った SWOT 分析によって、結果として経営顧問になるケースは少ない。そして、彼の SWOT 分析研修を受けたクライアントは、そこで生まれた戦略を実行しない傾向があるようだ。

せっかく時間をとって議論したのに、あまり評価されていない。SWOT 分析の講義も悪くないし、事例解説もわかりやすく、決して下手なコンサルティングではないのだが……。

《評価されない A 氏のコンサルティングの特徴》
● 自分の知っている業界の常識をベースにしている
● 業界の大手がやっている戦略を参考にしている
● コンサルタント自身の意見に持っていくように誘導している

この結果、クライアントが納得しないまま、「表面的な戦略決定」しか生まれなかった。

彼は SWOT 分析理論や実践ノウハウは知っているが、もう一つの「SWOT 分析コーチングメソッド」についての学習がなかったようだ。

❷初めての SWOT 分析でクライアントから最大限の賛辞をもらった B 氏

B 氏は、SWOT 分析の本を 1 回読んだだけで、SWOT 分析の細かい進め方や事例をあまり知らない。だが、いきなり経営者や役員幹部 8 人と「SWOT 分析 1 日会議」のコンサルティングを行った。

しかも、新規のクライアントで、会社の実情も把握してなかった。

《B 氏の SWOT 分析がうまくいった理由》

クライアントが大満足した要因は、SWOT 分析の中身ではなく、「会議ファシリテーション技術」だった。
● SWOT 分析をしてよかった
● 自社の方向性が見えてきた
● 役員幹部が重点戦略を意識するようになった

といった大賛辞をもらった B 氏は、「SWOT 分析というフレームワークを使わなくとも、クライアントの納得度を高める技法」を知っていた。

SWOT 分析検討会で大事なことは、SWOT 分析の知識よりも「コーディネート技術」である。特にファシリテーション技術（合意形成を高める議論の推進役）は、SWOT 分析検討会で最も必要な技術である。

（3） ネガティブ意見に負けない SWOT 分析の進め方

「SWOT 分析の失敗の基準は何か？」と質問されたら、次のことが挙げられる。
- ●議論の過程でネガティブ意見に負けて、ありきたりの戦略になってしまった
- ●経営者などに【挑戦したい戦略】と思わせるレベルまで検討が至らなかった

議論の場で必ず発生する「現実の壁」「固定概念の壁」「トラウマの壁」が、検討会参加者の言葉をネガティブにしていくのである。

❶現実の壁

特に中小企業の場合、使える経営資源があまりにも少なく、資金も人材もノウハウもないことが多い。そんな環境のなかで、今の仕事をしながら新たな挑戦をするといったイメージが湧かないようだ。
- ●いったい誰がそれをやるんだ
- ●どこにそんなノウハウがあるんだ
- ●今も不足しているのに、そんな夢物語の仕事に人を回せる余裕はない

こんなことを議論のさなかに大声で連発されると、斬新なビジネスモデルの意見は出てこない。クロス分析でも「戦略ではなく、今の延長線上の戦術中心のあまりパッとしない具体策」で終わってしまうこともある。

❷固定概念の壁

固定概念は誰でも持っている。
- ●この業界はこういうものだ
- ●異業種を参考にするといっても、リソースが違いすぎるから真似できない
- ●先生はこの業界をあまり知らないから、そんな雲をつかむような話ができるんですよ

ベテランの役員幹部から、よく聴く言葉である。実際にやった経験がなくても、最初から「そんなことはしなくても結果はわかっている。うまくいくはずがない」と思い込んでいる。

このネガティブ意見を突破するのはなかなか困難である。だから、大手企業でも役員幹部を排除して、若手中心に戦略を議論させることが多いのは、こういう理由からである。

❸トラウマの壁

●過去に取り組んだけれど失敗した

●同業者がやったけれど、あまりぱっとしなかった

●新たな戦略をやるうちに本業がガタガタしてきた

このように過去の経験からトラウマになっており、慎重姿勢が強くなっている。過去のトラウマの時代とは、時代背景も環境も条件も違うのに、「トラウマ」だけは鮮明な印象が残っている。

❹3つの壁に負けないSWOT分析検討メソッド

こういう3つの壁に負けずに、中小企業の経営者や役員幹部に「前向き議論」になってもらうにはどうすればよいのか。

これまでいろいろなパターンを経験するなかで、やはり一番のメソッドは、【具体的なヒントで考えさせ、イメージさせること】に尽きる。

SWOT分析現場でネガティブ意見が出て、議論が止まる理由は、

●ケーススタディ不足

●ヒント能力不足

●角度を変えた質問力不足

である。だからここでは、多種多様なヒント力を身につけて、SWOT分析の壁を突破することが重要である。

❺「笑いながらネガティブ意見は出にくい」本質を利用

ネガティブ意見のときは、だいたいしかめっ面で、重い空気で検討していることが多い。

そんなときは、検討会をいったんブレイクして、「最近顧客から褒められたこと」「ライバルをリードしたと感じた事実」などを1分で報告し合う。

こうして和やかな雰囲気を出した後、再度議論を始めるのも有効な手段である。笑いがあると、ネガティブ意見は出にくいものだ。

（4） ファシリテーション技術を使うと SWOT 分析はうまくいく

❶ SWOT 分析検討会でのファシリテーション技術とは

- なかなか機会の意見が出ない
- 固有の戦略に落とし込みたいが、抽象論ばかりになってしまう
- バラバラな意見をどう集約していいかわからない
- 意見が出ないと重い空気になり、コーディネーターが不安になる
- SWOT 分析後にスカッとした感じにならない

　SWOT 分析のセミナーに参加された方の代表的な意見である。その解決策は「ファシリテーション技術」にある。SWOT 分析検討会でのファシリテーション技術とは「参加者が自発的に意見を言いやすい状況をつくる」ことである。

　ファシリテーション技術を使うことで、

- 参加者が自発的に的を射た意見を言う
- バラバラな意見の集約がしやすくなる
- 重苦しい雰囲気や沈黙がなくなる
- 参加者の意見が必ずしも反映されなくても、納得を得られやすい

　　などのメリットがある。

❷基本的なファシリテーション技術の段階

第１段階　まずは参加者個人で書き出す（コピー用紙やノート）
第２段階　ペアまたは３人で協議して、意見を出し合う
第３段階　ペアまたは３人の意見として、代表が発表する
第４段階　その後、全体で議論する（ファシリテーション技術を使うことで、 　　　　　全員の意見が何らかの形で反映される）

　このように議論をしっかり行えば、最終まとめの段階では多数決でも OK。要は、いきなり「皆で意見を言い合うこと」は難しいので、このメソッドとプロセスを随時使うことがポイントとなる。

❸「機会分析」「強み分析」で使うファシリテーション技術
  ●まず、個人ごとに機会や強みのポイントを「タラレバヒント30」などを使って書き出す作業を行う。
  ●書き出し記入後、ペアまたは3人チームで議論する。このとき、各自が書いた「機会」を見せながら模造紙に書き、それを見ながら議論する。意見を言い合いながら、集約していく。少人数だから言いやすい状況になっている。
  ●ペアまたは3人チームで「機会」または「強み」を1つか2つに絞る（固有名詞の表現にする）。
  ●ペアまたは3人チームの代表が「機会」または「強み」を発表する。
  ●それを、ホワイトボードや模造紙に書き込み、またはPCに入力し、プロジェクターに投影させる。
  ●絞られた意見を全員で議論し、具体的な固有名詞にしていく。

❹「積極戦略」でもファシリテーション技術を使う
「強み」×「機会」の積極戦略を整理する場合も、
  ●まず、個人単位で書き出す（1つか2つの素案）。
  ●ペアまたは3人チームで話し合い、積極戦略の意見を1つか2つに集約する。
  ●ペアまたは3人チームの代表が、アイデアの根拠も一緒に発表する。
  ●ホワイトボードや模造紙への記述、PC入力をする。
  ●類似戦略はコーディネーターが整理統合して、複数に絞る。
  ●より固有戦略になるように、再度意見を収集し記述する。
  ※ここでのペアまたは3人チームの検討はそれなりに時間をとってよい。

❺たくさんの意見がなくても、たくさん議論させる
  仮に「機会」や「強み」、「積極戦略」の意見が10も20もあっては、多すぎて議論にならない。ペアまたは3人チームから出された意見を3〜5つぐらいに集約して、深く議論するために、参加者に意見を求めるほうがよい結果を生み出す。
  司会者（ファシリテーター）は、1人から出た意見を
  ●他のメンバーに、今の意見についてどう思うか振っていく。
  ●その意見に対して「なぜそう思ったか」Whyを掘り下げていく。
  ● Whyの表現が抽象的なら「もっと具体的に」と深掘りを要求する。
  ●積極戦略の意見では、How（どのようにして）を何回か繰り返す。
  ● Howの意見で、行動や戦略の具体的イメージが湧くまで聴き返していく。

7 認定支援機関である会計事務所の責任

これまで述べてきたように、最新のクロス SWOT 分析フレームを活用してヒアリングすれば、経営者が考える新規事業・多角化や新戦略のイメージを引き出しやすくなる。

さらに、積極戦略で出てくる概算でも、売上予定や必要費用を聴き出すことで、収支計画の内容も「雲をつかむような話」のようにはならない。しかも、「強み」「経営リソース」をかなり深掘りして作成しているので、実現可能性も高まる。

今後の金融機関の融資に関して、事業計画書に根拠のある戦略が求められるのは容易に想像できる。そこに認定支援機関の会計事務所の判断が大きく影響することは言うまでもない。

そんなとき、

● その事業計画書は、どこまで具体的かつ持続可能な内容で表現されているか

● どこまで本気で分析した新規戦略やブラッシュアップ戦略か

● 新戦略、改善戦略のアイデアの行動プロセスがイメージできるか

等の疑問に対して、認定支援機関である会計事務所はどう判断するだろうか。

そのあたりの「判断基準」や「事業計画の中身に論理的な背景」を持たない認定支援機関は、申請書や意見書は書けても、その後のモニタリングや判断責任において、どう対応するのであろうか。

いずれにしても、論理的背景まで一緒に検討しない限り、その事業計画の戦略の実現も、その後の持続化も難しいことは確かである。

また、クロス SWOT 分析を行って、「強み」や「経営リソース」と、経営者が取り組みたい「新規事業・多角化」に大きな隔たりがある場合、新規融資や補助金も厳しくなるだろう。

そんなときは、「保証ができない」ことを明確に伝え、むしろ「その新規事業や新戦略の考えを諌める」ことも、経営参謀たる顧問税理士の仕事である。

クロスSWOT分析：事例解説
〈飲食業〉

《当該企業の概要》

　R株式会社は関西で創業23期目を迎えている飲食業である。

　主要事業はうどん店、ラーメン店、居酒屋であり、商業施設にも多業態の店舗を出店しており、合計9店舗を展開し、年商は7億円である。会社役員、社員、パート、アルバイト含め200名の人員体制となっている。

　経営者と共に経営幹部として長年勤務している営業本部長、開発本部長がいて、さらなる成長を期して日々努力している。

（1）当該企業の課題

　R社でのクロスSWOT分析は、討議の前に、将来のあるべき姿、ビジョン、それを実現するための現状の課題などについてヒアリングした。

　経営者はビジョンとして「麺特化型のチェーン展開」を掲げており、2028年には直営店18店舗、グループ売上14億円が目標である。そのため、年間2店舗ぐらいの手堅い出店を行いたいと考えている。

　このビジョンを実現するための課題として、下記のものが挙げられた。

❶新業態店の開発

　年間2店舗を出店するにあたり、新業態店の開発を戦略的に行うための計画が必要である。

❷組織として成長するための人事評価制度

　店舗ごとの現場力は非常に高く、人材採用にも強みがある。また定着率もよいが、将来にわたって組織を成長させていくうえで、幹部としてのマネージャー育成、店長育成などを戦略的に行う「人事評価制度」の構築が必要である。

❸セントラルキッチンをどのように機能させるか

　セントラルキッチンの設置により、各店舗の業務の効率化や全体の生産性向上を図ったが、食材の仕込みの遅れや店舗ごとの原価管理が甘くなり、店舗ごとの人件費、光熱費の削減に至らなかった。コロナ発生後はセントラルキッチンでの生産を休止している状態である。

❹店舗人材の育成ができておらずモチベーションに課題

　コロナ禍中での時短営業や、期間中は新規出店せずに守りに徹してきたこともあり、社員のモチベーションやスキル面で課題が残っている。

❺原価が高騰しているが価格転嫁が難しい

　度重なる食材原価の高騰により価格改定を迫られるが、値上げの仕方が難しく、粗利率も少し下がっている。

❻特定の店舗の業績が悪く、業態変更を検討中

　専門店の業績が下降しているが、立地はよいので業態変更を行い、業績の改善が急務である。

　業績下降の原因として、接客や商品サービスがばらばらで、お客様への声かけもできていない。アルバイト中心のワンオペになっていることが挙げられる。

　店舗面積は5坪と小さいが立地はよい。自社の他の店舗の斜め前であり、てこ入れをし、マッチングがうまくいけば改善できる余地はある。

（2）　クロス SWOT 分析を導入した背景

　R社はこれまで戦略的に経営を推進し、着実に成長している企業であり、財務面にも強みがあることから、さらなる成長が望まれる。

　弊社からのクロス SWOT 分析の提案を快く引き受け、新たな発見や課題のあぶり出しを求めて、社長と営業本部長、開発本部長の3名で事務所に来所していただき、積極的な取り組みとなった。

　質疑に入る前に今回の目的を再確認したところ、以下のことであった。

- 「強み」と「機会」を掛け合わせた「積極戦略」について、今までも口頭で話をしてきたが、書面の形にはしていなかったので、今回を機会に形にしていきたい。
- 新商品は出しているが、さまざまな点の深掘りができていない。ゴール地点が明確でないところが多かった。目的、目標といったところをしっかり共有し、深掘りをしていきたい。
- 今回のSWOT分析の結果を社内で共有し、ブレがないようにやっていきたい。
- 細かく動いていきたい。組織として動いていきたい。
- 今まで社長一人で課題を抱え込んできたが、そういう担当者を本部で5名つくり、組織全体を回していくような経営に進化させたい。

　今回の取り組みによって、名著『7つの習慣』でいう「新たに行う緊急ではないが重要な業務」、いわゆる「第二象限」の業務が増加する。この業務を現実的に、誰がどの時間でやるのかといったところも実現するうえでの要点になる。

　クロスSWOT分析での質疑、討議は2日間で行い、初回3時間、2回目4時間の時間をかけた。本題の質疑、討議に入る前に、クロスSWOT分析の全体像と流れについて簡単に説明した。

（3） 強み特化型のクロスSWOT分析

❶苦手なところを改善指導しても効果はない

　苦手なところは、理由があって苦手になっており、これを改善するにはある程度の期間や資金を要する。「人がいない」「資金がない」など、頑張って克服しても、よくやって普通までにしか改善できないものだ。

　これに対して、強いところを伸ばせば、経営者以下従業員も自信を持っているので、さらに伸ばすことができる。今回のクロスSWOT分析も「強み特化型」で進めることとした。そのため時間配分も、「強み」や「機会」に時間を長く充当した。

　「強み」を徹底的に深掘りして具体策を導き出すことで、戦略も浮かび上がりやすくなる傾向がある。そのため、「脅威」や「弱み」の検討時間は短めにした。

❷強み特化型クロスSWOT分析とは

今ある顧客資源と「潜在的な強み」を引き出すことがポイントになる。

顧客資源、店舗資源、商品資源、まずこういった「顕在的な強み」を聴き出していく。続いて、今ある人材や技術にどんなものがあるかを聴き出した。

経営陣にとってはわかっていることであるが、私（松本）から質問することによって、顕在的なものだけではなく、なるべく「潜在的強み」を引き出すことに注力した。

今ある組織や機能については、例えばセントラルキッチンという経営リソースがある。ここにはどういった機能があり、どのようなレベルでどう展開できるかを確認するとともに、組織として営業本部、開発本部にどのような機能があってどう使えるのか、といったことも質問していき、経営リソースを含め自社の「強み」を再度確認していく。

(4)「強み」を多角的に深掘りする

最初に深掘りして聴き出すのは自社の「強み」である。前述したように、強み＝よい点ではない。なぜお客様がその店に来るのか、という理由である。

当社はクリンネスがよいから、接客がいいから、お客が来る。それって本当なのか──。

例えば、ある古ぼけたラーメン屋があり、老夫婦でやっていて、決して接客がいいわけではないが、昼には行列ができている。店を挟んで全国チェーンのラーメン店がある。接客もよい。味はまあまあで普通だがメニューが多い。だが、昼食時に行列ができるほどではない。

なぜだろう？

よい点からいえば、全国チェーンのラーメン店のほうが「よい点」は多いと思われるが、それらが来店の理由になっていない。お客の購買理由が違うのである。このあたりが何なのかをいろいろな角度から聴き出していった。

❶「強み」と活かせる分野の検討

43ページで解説した5つの資産のカテゴリーごとに、ヒントに沿った質問を繰り返し、深掘りして、その答えとなぜそうなのかといった真因を聴き出した。80〜81ページの表はそれらを整理したものである。

「強み」の深掘り

	カテゴリ	ヒント
A	既存顧客、既存チャネルの強み	●顧客台帳・リスト数・DM先数・アポがとれる客数 ●常連客、A客の数、ロイヤルカスタマーになった理由 ●有力な顧客先となぜその顧客が生まれたか
B	既存商品、既存仕入先、取引業者の強み	●この取扱商品、業態店を持っていることでのプラスの影響 ●この仕入先、外注先、取引先を持っていることでのプラスの影響 ●この販売エリア、マーケティングチャネルを持っていることのプラスの影響
C	技術、人材、知識、ノウハウ、経験の強み	●技術、ノウハウの具体的な「強み」で顧客から評価されている事項 ●顧客が評価する技術や知識、経験を持った人材の内容 ●顧客が評価する社内の仕組み、システム、サービス
D	店舗、センターキッチン	●他社に比べて優位性を発揮している生産設備、什器備品、不動産 ●顧客が認める組織機能（メンテ、営業サポート　物流など）
E	外部から見て「お金を出してでも手に入れたい」と思われること	●もしM&Aされるとしたら、買う側はどこに魅力を感じるか ●買う側が魅力に感じる顧客資産とは
F	外部から見て「提携」「コラボ」「相乗り」したいと思われること	●提携や協業を求める他社が魅力を感じる商材資産や組織機能資産

ヒントの答え	なぜそうなのか、 どこ（誰）がそう言うのか
●常連客（家族、親子三代）が多い ●住宅地なので、うどん店ランチは主婦、子連れ、学生が多い ●Bランクの裏通りの店で、競合が少ない箇所で人気があった。家賃が低いけれど➡うどん店、ラーメン店は高い評価 ●SNS➡厨房動画を上げたとき、反応がよい ●ゴールが見える還元率（10%）の高いスタンプカードで、毎月150人が1メニュー無料➡グループで来るとお得なスタンプ ●サイトからの口コミは、 ・座敷があり、子連れだとおもちゃをくれるからうれしい ・メニュー豊富で料理がていねい ・店としてバランスよく利用しやすい（メニューが多い、接客がよい、半個室で周囲の目が気にならない）	●昔からのお客に東京で流行りの「おススメメニュー」を早く採り入れている ●まんべんなく出るのは「とり天ぶっかけ」（昼のボリューム感）、「3種類のおススメメニュー」と単品「かつ丼」定番メニュー ●カジュアル坂東太郎のうどんのイメージ
●ローカルだがランチに強み（ランチが強い理由➡ランチ提供店が少ない、メニューとコスパがよい、店舗コンセプトとストーリーがある） ●「ちょっと美味しく、良質な普通」を目指すので、客が飽きない➡定期的に食べたくなる味が強み ●ランチ、夜の食事客、飲み客、宴会客をワンストップできる（50席以上の店）➡場所がよいので宴会客がある ●ボリューム感が評価されている（とり天ぶっかけ、定食が値段のわりにボリューミー） ●1,000円でお腹いっぱいになる（家族でシェア、女性もしっかり食べる） ●家族連れサービスで「ぬるめ」「麺カット」「ネギ」「2分け」 ➡あえて告知せず、口頭でサービスするから評価されている ➡お母さんが言いにくいことをサービスしている	●ローカル店舗でメニュー構成とコスパが合うから選ばれる ●家族でシェアでき、子ども向けサービスが支持されている（当社オリジナルおもてなし仕様） ➡「ぬるめ」「麺カット」「ネギ抜き」「2分け」「おにぎり塩なし」「段差声かけ」「着席してから水出し」「注文表情を見逃さずオーダーにいく（すみませんと言わせない）」「大盛サービスの伝達」「食べ方の説明」「オリジナル七味の説明」「無料品（漬物、七味、ゴマ）に手をかけている」
●おススメメニューのうどんの出汁バリエーションが多い ●全店でうどん弁当が出ている（ウーバーイーツで注文が増えた） ●カレーうどんのカレーが独自➡ときめくビジュアル ●人手不足の飲食業にありながら、求職者が増えるノウハウがある ●外国人の雇用ノウハウがある ●社長がIT業者を要望通り使うことができる（業者価格収集、ほしい商材探索が簡易）	
●CKでできるもの（自社で販売できるものが出る）➡人手不足対応ビジネス➡材料（だし）、半加工品、完成品➡今後復活させたい ●CKスペースが80坪まで拡大できる ●採用に強い➡ 中途採用が多い（労働環境整備でホワイト財団から認定を受けた） 採用メディアを使って応募数を増やしている 面接でしっかり社長面談（コーチング採用面談） ●「当社ブランド」は地域では有名（地方スーパーで生めんで販売可能）	
●コロナ融資ほか、資金が潤沢にある（年商分の資金プール）	

（5）「機会」の深掘り

「機会」は、今のお客がどのような感覚を持っているのかということである。地域特性もあるだろう。例えば、高付加価値メニューにお金を使っているのか、ファミリー系がお金を使っているのかなど、お客の状況やニーズに関する事柄をヒアリングした。具体的には本章53ページの「機会分析を引き出しやすい超簡単8つの質問」の一部を活用し、その結果をフレームにまとめた。

「機会分析」の深掘り

	深掘りする質問	どんな顧客が（どんな特性の顧客が）	具体的に何があるか	なぜそう言うのか 何が原因か（具体的に）
1	既存客・新規見込み客がいら立っていること（困りごと）	●待ち時間がある	●ランチタイムで待ち時間がある ●駐輪場がない ●ウェイティングスペースがない ●駐車スペースがない ●会計に並ぶ	●物理的にはどうしようもないので、待ち時間に手持ち無沙汰を解消するアイデア（例：メニュー説明）➡厨房録画放映、ウェイティングシステム導入予定
2	そこまで要求しないから、もっと低価格のニーズ（そぎ落としの低価格需要）	●子供連れのミニ宴会の客 ●アイドルタイムの時間にハイキングの客が来店	●子ども用のセットメニューで平均単価1,500円のものがほしい ●登山の後、ゴルフの後、ツーリング途中のちょうどよい休憩先として使う	●子ども連れであまりお金をかけたくないが、子どもと大人一緒に宴会をしたい ●アイドルタイムに使いたい休憩や打ち合わせをしたいニーズがある（例：カフェ代わりに使える、打ち合わせで使える）
3	おカネを払うから、もっとここまでしてほしいニーズ(高価格帯需要)	（仮説）業者と組んで独自おせちの提供		
4	こんな商品あったら買いたい・こんな企画ならいけそうというニーズ		●特盛はあるが、ブランドイメージと異なる「安いイメージ」 ●そばニーズはあるが2つ同時の店はしない方針 ●昼のイメージが強いが、〇〇区で夜の一品で飲める店	●〇〇の駅前だが、近くに軽く飲める店がない（勤め人需要）
5	他社の模倣でもいけそうな可能性	（仮説）健康メニュー		
6	その他、新しいビジネスモデルでの要望		●うどん、ラーメン、出汁ものの強みを活かす ●飲食業者からの人手不足のニーズがあり、セントラルキッチンでの可能性がある	●人手不足のうえ、店内調理で仕込みの仕事をする人がますます不足

（6）「弱み」と「脅威」の分析は短めに

　当該企業の「弱み」「脅威」の分析には時間をあまり費やさなかった。前述したように、「弱み」は悪い点ではなく、機会（ニーズ）があるのにそれを取りにいけない内部要因としての「弱さ」を言う。例えば「人がいない」「資金がない」「ノウハウがない」などである。

　「脅威」というのは、一般的には自社の努力ではどうしようもないことである。例えば、
- すぐ横に全国区の有名なお店が出店した
- その地域から大学がなくなり若者がいなくなった

などである。

脅威の検討……今後厳しくなると予想される外部環境

	深掘りする質問	何がどう悪くなっている、またどんな悪い可能性がある	その結果、自社にどう具体的に悪影響するか
1	市場縮小・市場変化・消費動向変化の脅威	●○○区の顧客の高齢化	●高齢者の人口が減少になる
2	ライバル・大手の脅威		
3	法制度・ルール変更の脅威		
4	為替・株価・金融の脅威	●輸入物の食材高騰	●原価が上がり、価格転嫁が必要
5	国際経済・地政学リスクの脅威	●国産小麦粉が減少。外国産は高騰	
6	労務問題・働き方改革関連の脅威	●年々賃金が上がっている	●今後、値上げと売上増、TECでの効率化
7	その他		

（7）「積極戦略」の構築

クロスSWOT分析の中核は、内部要因の「強み」と外部環境の「機会」の掛

R社の積極戦略

	内容	組み合わせ	何をどうする	どうやって・手法・進め方
商品	新商品・新サービス開発 ●今売れている他社の商品 ●事業再構築に使える新商品 ●今開発中、または仕入検討中の商品 ●新コンセプトの商品 ●新ターゲット向けの商品 ●新マーケット向け無料、超低価格商品の開発	4×B	●コースの中に「子ども宴会セット」をPR	●店内ポスターで告知 ●ポストインで実施（例スイミングスクール） ●チラシを置かせてもらえる店舗開拓 ●子どものクラブ活動のお母さん向けにPR ●今ある子ども向けメニューを組み合わせる ●貸し切りで、会合目的に沿ってエンタメサービスをする
	既存商品リニューアル ●売れ筋なのに老朽化して人気がなくなったもの ●中身を変えずにネーミング、容量、パッケージを変えたら売れる可能性 ●顧客から聴いた「ここ変えてほしい」と言われたこと			
	既存商品の新付加価値 ●使い勝手の改善、機能の改善 ●アフターサービスの高機能化 ●原材料の変更や仕入先の変更 ●品質のいい材料、プレミアム商品、高機能商品	4×B	●コースの中に「ママ友割り勘セット」をPR	●店内ポスターで告知 ●ポストインで実施（例スイミングスクール） ●チラシを置かせてもらえる店舗開拓 ●子どものクラブ活動のお母さん向けにPR ●今ある子ども向けメニューを組み合わせる
	売価アップ策 ●原価が上がって、至急値上げが必要なもの ●値上げ時に、どんな交渉をするか、どんな根拠を見せるか ●商品リニューアル（ポーションダウン、見た目変更）ステルス値上げができるもの			
	重点キャンペーン ●特定の商品を一気に売るためにどんな企画があるか ●顧客拡大につながる紹介、デモ、セミナーなど ●無料提供物で特定商品を売る ●クロスセル、アップセル			
	新販促策・新マーケティング戦略 ●デモ、FAXDM、DM、セミナーでPR ●直販サイトでWeb通販の展開 ●新規客が飛びつく「低価格」「無料」企画 ●動画を使ったインサイドセールス			
	その他			

け合わせである「積極戦略」である。具体的には、各カテゴリーに記載された事項を組み合わせていく。イメージは「強み」の〇番（アルファベットでもよい）と「機会」の〇番を掛け合わせて「A積極戦略」を抽出する。

R社では、下記の戦略を組み立てた。

どんなカタチに・どんな結果にする	売上効果	原価・販管費	KPI
●「子ども宴会セット」のポスター、チラシの作成 ●ポストイン（役員が地域分けして配布） ●チラシ（店内配置） ●インスタ（全フォロワー1万）での投稿とPR	●保護者込み子ども宴会セット＝単価2,000円/人×25名×（夏冬春休みの年間3か月＝3組/月×3店舗）＝135万円 ●子供宴会セットを経験した保護者の利用の拡大		
●「ママ友割り勘セット」のポスター、チラシの作成 ●ポストイン（役員が地域分けして配布） ●チラシ（店内配置） ●インスタ（全フォロワー1万）での投稿とPR	●ママ友割り勘セット＝単価1,500円/人×8名×4組/月×3店舗）＝172万円 ●子ども宴会セットを経験した保護者の利用拡大		

R 社の積極戦略　続き

	内容	組み合わせ	何をどうする	どうやって・手法・進め方
顧客	新規口座・見込み客開拓 ●イベント・展示会などの参加 ●既存客からの紹介促進 ●他社との提携による紹介促進 ●狙う新規見込み客	4×AB	●アイドルタイムでの宴会・会合での店舗利用売上を上げる	●店内ポスターで告知 ●ポストインで実施（例：老人集会、下山、ゴルフ終わり） ●チラシを置かせてもらえる店舗開拓 ●子どものクラブ活動のお母さん向けに PR ●今ある子ども向けメニューを組み合わせる
	新販売チャネル・新代理店 ●直販から問屋、代理店経由ならどこか ●直販できる顧客や商品 ●新たな販路開拓（地域外、海外など） ●販売提携、商品供給の提携など			
	既存顧客活性化策 ●どんな販売支援（ディーラーヘルプ）をすれば、顧客（代理店）がもっと売るか ●顧客先への勉強会、販促ツールの提供、期間キャンペーンなど ●既存客の売上増につながる商材の改良・改善 ●既存客、ロイヤルカスタマーが得をする仕掛け	6×AB	●△△食堂の夜の売上づくり	●夜は居酒屋として使ってもらう ●駅前で飲める店がない ●仕事帰りの人がターゲット ●山と川があるので、遠隔地からも集客できる「名物料理」を創作する
	外部機関との提携 ●異業種と共同企画ができないか ●同業者と共同企画ができないか ●見込み客情報収集につながる異業種との提携			
	アフターサービス ●どんなアフターをすれば、有料化できるか ●休眠客にどんなアフターをすれば復活できるか ●アフターサービス自体で差別化し、既存客から売上を上げるには ●メンテナンスサービスを事業化するには			
	OEM、代理店等 ●相手先ブランドで供給できる商品 ●仕入れて自社ブランドで売るものや販売先はどこか ● PB 商品の取り扱い、または売り込み ●販売代理店づくり、FC づくり			
	その他			

どんなカタチに・どんな結果にする	売上効果	原価・販管費	KPI
● 「時間外宴会セット」のポスター、チラシの作成 ● ポストイン（役員が地域分けして配布） ● チラシ（店内配置） ● インスタ（全フォロワー1万）での投稿とPR	● アイドルタイム宴会セット＝単価3,500円/人×6名×1組/月×3店舗）＝75万円 ● 子ども宴会セットを経験した保護者の利用拡大		
● 夜飲めることの告知（ポスター） ● 一品のメニューを居酒屋メニューとして開発	● 単価2,500円/人×2人/組×10組×240日＝1,200万円		

(8) クロスSWOT分析後の経営者の反応

　今回は経営者と幹部社員2人の計3人での取り組みとなった。

❶幹部社員の感想

　幹部社員からは

「自社でここまで深く掘り下げたことがなかった」

「社長は自分の考えをなかなか言わないタイプと思っていたが、今回いろいろな話を聴くことができた」

「社長の本音を少し聴くことができた。社長の経営方針を聴くことで、進む方向も明確になった」

「社長の打ち出した戦略に対して、ここまで細分化したり、仮説を立てたりしてこなかった」

「また、それに対してのKPIをどうしていくのかの設計も甘かった」

「ふだん感覚的になってしまっている部分について、しっかり決めて共有化していくことの必要性と同時に、見える化すれば現場にも活かせてやりやすくなると思った」

　など、多くの気づきがあったようだ。

　下記のように感じている幹部社員は多いと思う。

● このような場がない

● 社内でこのような場の必要性を感じていない

● 社内だけでやろうと思うが、日々の仕事に追われてできない

　今回は事前に目的を伝え、あえて時間をつくり、弊社に来所していただき、じっくりと進めることができた。

　弊社の進行するファシリテーターのスキルも、

● ヒアリングしながらパソコンに入力し、モニターで見せ、共有する

● 終了後に議事録も含め、成果物をお渡しし、確認していただく

というように、まずまずであったと自負している。

　このように、クロスSWOT分析は、一つの社内会議の形態として、効果的な方法だと思う。

❷社長からの感想

社長からは

「夢いっぱいで、言いたい放題の時間となり、すっきりした」

「いろんなことを入力していただいて、できている気になりました（笑）」

➡ いい意味でイメージができ明確になったと言える。

「この取り組みを通して、自社は、泥臭い文化だが、永続性を大事にしている、根っからの飲食人で飲食以外に手を出さない、ということを再認識し、気づけた」

「新しいビジネスモデルなどはぱっと出てこない」

「外部環境がどうなるのかなど幅広い知識は収集しているが、自社を伸ばすためにも自社の現状を SWOT 分析で深掘りして、やりたいこと、やらないことを決めていくことが大事だと改めて感じた」

「自分軸、社会軸があるが、今は自分軸を成功させたい。今後、海外にも出店したい夢がある。まずは京都で流行らせる、夢をかなえる！」

など、多くの気づきと前向きな発言もあり、有意義な時間になったのではないかと確信している。

❸ SWOT 分析後の行動と成果

R社でのSWOT 分析による戦略立案の一連の取り組みは、2023 年 2 〜 6 月にかけて行った。

積極戦略の具体的な行動と成果について、2023 年末時点で確認したところ、積極戦略の 4 項目はすべて実施されていた。

この戦略の効果も含めて 2023 年 12 月の売上高は過去最高を更新したという嬉しい連絡をいただいた。

このほか、受発注、売上管理、勤怠管理システムのオールインワン化も 2024 年 4 月に導入予定。顧客の待ち時間を解消するためのウェイティングシステムは 3 月に導入したとのこと。

このように、素早い実行力と成果を出されていることを聴き、クライアントにとって大いにプラスとなる取り組みになったようである。

今年（2024 年）も決算後、節目のところで再度クロスSWOT 分析を実施することを約束した。

第**4**章

MGS戦略ノウハウ2

根拠ある経営計画書

《事例：オーダー家具製造業》

MGS 税理士法人

川崎 万佐悦

1 根拠ある経営計画書が必要な理由

(1) 「数値羅列型経営計画書」の限界

　これまでの多くの経営計画書は、損益計算書・キャッシュフローが中心であり、「数値羅列型経営計画書」として、経営者も銀行で融資を受けるための必要書類として、会計事務所任せだった。

　会計事務所のほうでも日々の業務に忙殺されるなか、融資を受けやすくするため、借入金返済原資の捻出から逆算して、経費、原価率、売上を前期の数値からはじき出していた。そして、少しお化粧をした経営計画書を作成してきたのが実態である。

　粗利率の改善・売上高の増加・経費削減の根拠もありきたりな理由をつけて、その会社の課題や実態に沿った根拠までは落とし込んでいない。いわゆる単なる「数値だけ」の計画書となっていた。

　少し前までは決算書主義・担保主義の融資環境なので、経営計画書は補填的な扱いであり、銀行自体もあまり重視していなかったと思う。それでもよかった時代だった。しかし近年では、事業性評価やローカルベンチマークなどを重視する融資体系に変化しており、経営計画書が融資額や融資の可否に影響を与える時代が到来した。したがって、単なる数値だけの計画書では意味がなくなったのだ。

(2) 複雑になってきた経営計画書作成の現実

　会計事務所が作成する経営計画は、「前期実績」をベースに作成している。しかし、本来は前年実績ではなく、「将来目標値」から引っ張ってくるのが基本である。

　中小企業にとっても世の中の情勢がダイレクトに経営環境に直結し、そのスピードは AI の発展や情報過多の影響で日々目まぐるしく変化している。

　販売する商品、顧客の環境、原価高騰や人件費、特に最低賃金の毎年の増加、

経費に関しても燃料高騰や物価高など1年単位ではなく、早ければ月単位で、変動要因が発生する。

そして、企業の宿命として「成長し続けなければならない」という鉄則がある。すると、前年より売上・利益の拡大目標になるはずだが、上記の変動要因に対応しつつ、目標を達成しなければならない。

強者と弱者の二極化が進む昨今では、利益を確保するために、売上増だけでなく、原価削減、効率化、経費削減等、さまざまな対策が求められる。そして、融資を受けているのであれば、返済原資を生み出す経営努力や取り組みが具体的に必要になってくる。

しかし、数値だけの計画書は「数値計画は確かに成長している計画」であるが、その根拠の具体策が見当たらない。経営者に聴いても、「なんとか頑張ります」とか「とにかくやるしかない」といった言葉は出るが、「具体的な戦略」や「対策」が出てこない。

(3) 金融機関が納得する経営計画書とは

「この経営計画で確かにわが社は経営改善できる」というのであれば、それなりの根拠となるものが必要である。

多くの金融機関の担当者は、

● 今までできていないのに、これからはなぜできるのか

● これまでとは何が違うのか

● そんなことができるリソースがあるのか

等々「今までできなかったこと」が急にできるわけがないと思っているものだ。当然と言えば当然である。経営者がこれまで提出して実現しなかった「根拠のない数値羅列の収支計画」に不信感を抱いている。

金融機関に「なるほど、それだったら可能性があるかも」と思わせるには、「根拠」が必須である。

それを構築するツールとしてクロスWOT分析から導き出された「強み特化型の積極戦略」をはじめとする各種戦略がある。

そこには、なぜこの戦略なのかという論理性がしっかりとあり、具体的戦術が固有名詞で表現され、かつ概算数値まで明記されている。

金融機関の担当者には必ず決済をする上司がいる。融資の稟議を上げて、上司から「この案件の裏づけは？」と聞かれたときに、担当者が明確に答えられなけ

ればNGになるのは容易に想像できよう。あるいは、NGになる可能性が高い案件は上司からの評価を悪くするので、最初から稟議書を書かないものだ。

（4） 社員に信用される経営計画書が必要な時代

金融機関も「数値だけの計画書」を見抜いている。しかし、融資申込の必要書類であり、自身の成績のためにも稟議が通れば問題ないと考えている。だが、概念論、抽象論ばかり目立つ経営計画では、その事業性評価は低い。

大事なことは「実行できる具体策」「差額対策になる具体的な商材」、実行するためのアクションプラン（具体的な行動計画）があることだ。要は「金融機関を説得できる経営計画書」にしなければならないのだ。

中小企業にとっての悩みの一つは、募集しても1人の応募すらないという現実がある。「中小企業だから……」というだけが理由ではない。業績が悪い企業（または赤字企業）が将来目標で「売上〇億円、経常利益〇万円　賞与4か月」などとアピールしても、具体的な根拠となる戦略が見えなければ、「自分には関係ない」「単なるリップサービス」と捉え、少しでも不満があるとそうそうに見限り、退職していくのである。

社員の退職が会社にとって大きな痛手となる可能性もある。だから「社員に信用される経営計画書」でなければならないのだ。

（5） 経営計画書は枚数ではない

何十ページも数値計画が書かれた経営計画書は、カタチは立派でも正直見る気がしないものだ。アクションプラン（行動計画）が細かくなく、チェックのしようがない。アウトプットが見えないものはPDCAが回しにくい。

本書で推奨している経営計画書は、戦略立案からアクションプランまで「5枚のシート」で単純にわかりやすく、モニタリングしやすい仕組みにしている。

2 「根拠ある経営計画書」のフレームと書き方

(1) 中期ビジョンと個別戦略

　フレームの上段には「中期ビジョン」を記載する。中期ビジョンは第3章で解説したクロスSWOT分析から導き出される場合と、経営者のビジョンから捻出される場合がある。「中期ビジョン」は中期経営戦略、コンセプト、未来の姿がわかる表現となる。

　中段には前期実績あるいは、決算前の速報値と計画値を記載する。基本的には、「売上目標」「粗利益目標」「営業利益目標」「経常利益目標」などを記載していくが、その会社にとって重視している率や数値も記載していく。例えば、労働分配率や社員の平均年収等である。

　売上目標に関しては、従来の科目別売上目標はもちろん、クロスSWOT分析で捻出された新規事業や新たな商材等の項目ごとに目標値を設定する。特に、既存事業と新規事業、新たな商材は分けて記載することでわかりやすくなる。

　下段には、SWOT分析＋クロス分析の結果捻出された項目をカテゴリーごとに分類し、記載していく。1年ごとに変化がある場合は年単位で記載し、数年にわたって変化していく場合には、行をまとめて記載してもよい。

　「市場の動き・予測」では、自社に関係する競合の変化、景気先行き懸念や見通し、既存事業が盛衰する分野の可能性などを記載。法的な規制や業界の変化が特定年度で発生する場合は、1年ごとに分けて記載する。

　「ポジショニングまたはシェア」では、事業拡大や新規事業、M&A、業界動向、地域での位置づけ、強みの出し方、商材別シェア等、具体策を記載していく。この項目は上記売上科目同様、既存事業と新規事業それぞれについて分けて記載するとわかりやすくなる。

　「商品戦略」では、積極的に販売する商材、新規の商材、撤退もしくは縮小の商材、マーケティングの展開等を記載する。

「顧客戦略」では、新規顧客開発、顧客満足向上策、新チャネル開拓、新市場への参入等を記載する。

　「組織体制」では、経営者が考える後継者育成策、役員幹部登用、内製化やアウトソーシング化、グループ体制、新組織等について記載する。

　「設備・投資戦略」では、出店や撤退、工場機械設備投資、または売却、投資等を記載する。

　「部門戦略」では、上記6項目には記載していないことで各部門に重要な戦略があれば、個別方針を記載する。

中期ビジョン	

	2022 年度	2023 年度	2024 年度	2025 年度	2026 年度
総売上					
●既存事業売上					
●新規事業売上①					
●新規事業売上②					
原価					
粗利益					
粗利益率　%					
販管費					
営業利益					
営業外収支					
経常利益					
経常利益率　%					
従業員数					
労働分配率　%					
平均年収(1人当たり)					

	2022 年度	2023 年度	2024 年度	2025 年度	2026 年度
市場の動き・予測（自社に関係する競合環境、景気先行き、盛衰の分野等）					
ポジショニングまたはシェア（業界、地域での位置づけ、強みの出し方、商材別シェア等）					
商品戦略（伸ばす商材、減らす商材、新たな商材、マーケティング展開等）					
顧客戦略（顧客開拓、CS、囲い込み、新チャネル、Web 戦略等）					
組織体制（非正社比率、後継者、独算制、分社、グループ体制、新組織等）					
設備投資戦略（出店、機械投資、ノウハウ投資等）					
部門戦略（営業部、管理、生産、店舗等の個別方針）					

（2） 前期の反省と今期の方針

　次に「前期の反省」として、前期の出来事を「プラスの出来事・プラスの要因」、「マイナスの出来事・マイナスの要因」に分けて議論していく。
　「プラスの出来事・プラスの要因」に関しては、

---

①顧客からの評価や新規の引き合い
②商品・サービスで新たに開発されたことや市場から評価されたこと
③何らかの効果を狙って設備投資や導入したもの
④社員の採用や人材に関する新たな取り組み
⑤各種の認定や表彰を受けたこと
⑥資金政策にからむ出来事
等を記載していく。

　「マイナスの出来事・マイナスの要因」に関しては、

---

①顧客や取引業者のクレームやトラブルの事実
②品質問題、ルール遵守の問題
③社員のトラブルや不正
④事故、事件
⑤計画に入っていたことが未達になったこと
⑥人・物・金・管理全般での反省点
等を記載する。

　次に、「前期反省と新テーマ・中期ビジョンから出た今期の課題」では、まず中期ビジョンで書かれたことで、「今期中に取り組むもの」をピックアップして再度ヒアリングしながらまとめていく。
　また、前期の「プラスの出来事・プラスの要因」や「マイナスの出来事・マイナスの要因」からもさまざまな角度から議論していき、課題を明確にしていく。

	前期のプラス出来事・プラス要因	前期のマイナス出来事・マイナス要因
①		
②		
③		
④		
⑤		

	前期反省と新テーマ・中期ビジョンから出た今期の課題
①	
②	
③	
④	
⑤	
⑥	
⑤	

（3） 具体策連動 中期収支計画

　このシートは、左に数値計画、右にその根拠になる具体策や数値が記載された一覧である。（102 〜 106 ページ参照）

　これまでの経営計画書は、数値計画とその根拠となる具体策が別シートになっていることがほとんどで、一目で「見える化」したほうが理解もしやすく、管理もしやすくなっている。

　前述の中期計画や前期の反省、今期の課題がベースとなっているが、この 1 枚でも中期経営計画書として成り立ち、経営者や幹部等からは「一目でわかる」と好評である。

　「売上項目」は、既存事業の売上項目と新商材が中期計画の結果で発生していれば、そこに転記する。企業や業種によっては、商品や顧客ごとに分類していくことも可能である。

　「前年度実績」は、基本的には前期の決算数値となるが、決算確定前なら速報ベースをもとに記載しても問題ない。科目としては、売上、原価、経費、利益を整理する。

　「各年度予想」は、初年度から今後 3 年間の売上、原価、経費、利益を記入する中期経営計画において、各カテゴリーに書かれた新戦略などを概算数字で売上、個数、単価などを考えておく。ここの数字は右記の根拠の中身や数値の妥当性、必要利益、原価上昇圧力、経費削減効果や設備投資、積極戦略等による経費の増加などを考慮して、再々調整していく。

　「クロス分析の戦略と具体策から捻出される売上概況・内容」は、クロス分析から出てきた各種の売上に直結した商材対策、顧客対策、中期計画や前期反省等からの今期の課題を参考に記入する。今期課題や中期ビジョンで中身が箇条書きで明確であれば、そのままコピーしてよい。また、その右の「新たに増減する売上高」の項目には、影響する売上項目や金額、％を記載していく。

　「クロス分析の戦略と具体策に該当する仕入または粗利に関する概況・内容」では、利益率に影響する事柄を記載する。上記同様、中期計画、今期の課題で上がっている項目で、関連する項目の記載があればそのまま記載する。

　「その他」は、例えば、①価格が大きく下落する商品の粗利率変動要因、②原材料・仕入についての変動要因と数値の読み、③外注についての変動要因と数値の読み、④物流費等に関する変動要因と数値の読み、⑤現場経費等に関する変動

要因と数値の読み、⑥労務に関する変動要因と数値の読み、等々わかっている範囲で「厳しめ」に読む。

　もちろん、上記の「クロス分析の戦略と具体策から捻出される売上概況・内容」により捻出された項目が影響するのであれば、そこも反映させる。右の「新たに増減する原価・仕入」に関しては、上記同様、影響する原価項目や金額、％を記載する。

　「クロス分析の戦略と具体策に該当する経費支出・削減の科目と金額に関する科目の概況と内容」では、経費削減する項目があれば、減少金額とともに記載する。

　役員報酬のカットの余地がある場合は、ここで検討する。

　経費削減だけでなく、クロス分析での戦略商材を売り上げるために必要な戦略経費、設備投資の減価償却費なども年度別に確認しておく。右の「新たに増減する経費」に関しては、上記同様、影響する経費科目や金額、％を記載する。

「積極戦略」の具体策連動 中期収支計画

科目	売上科目	商品または顧客	前年度実績	今期（24年度）予想	来期（25年度）予想	再来期（26年度）予想
売上	既存売上カテゴリー					
	新規売上カテゴリー					
売上合計						

戦略での概算数値（売上・原価・経費）の整理				
クロス SWOT 分析による戦略と具体策から導き出される売上概況・内容 （新商材・新規チャネル等の売上増や既存商材の売上減等）			年度	新たに増減する売上高
既存売上（限界または下落傾向）	〈1〉		2024 年	
			2025 年	
			2026 年	
	〈2〉		2024 年	
			2025 年	
			2026 年	
	〈3〉		2024 年	
			2025 年	
			2026 年	
既存売上の改善対策	〈4〉		2024 年	
			2025 年	
			2026 年	
	〈5〉		2024 年	
			2025 年	
			2026 年	
	〈6〉		2024 年	
			2025 年	
			2026 年	
新戦略・新規売上対策	〈7〉		2024 年	
			2025 年	
			2026 年	
	〈8〉		2024 年	
			2025 年	
			2026 年	
	〈9〉		2024 年	
			2025 年	
			2026 年	

「積極戦略」の具体策連動 中期収支計画　続き

	科目	前年度実績	今期（24年度）予想	来期（25年度）予想	再来期（26年度）予想
原価	原材料・仕入（売上原価）				
	外注費				
	労務費				
	その他製造原価				
	原価計				
	粗利合計				
	平均粗利率				
販売費および一般管理費	役員報酬（法定福利・福利厚生込）				
	人件費（法定福利・福利厚生込）				
	雑給				
	支払手数料				
	旅費交通費				
	販促広告費				
	消耗品費				
	水道光熱費				
	減価償却費				
	通信費				
	車輌費				
	リース費				
	衛生費				
	雑費				
	その他経費				
	販管費合計				
	営業利益				
営業外	営業外支出				
	営業外収益				
	経常利益				

クロス SWOT 分析の戦略と具体策に該当する仕入または粗利に関する概況・内容（新商材・新規チャネル等で発生する原価や仕入、既存商材の売上ダウンに伴う仕入減、または粗利率の変動も含む）			年度	新たに増減する原価・仕入
既存ビジネスでの原価増減	〈1〉		2024 年	
			2025 年	
			2026 年	
	〈2〉		2024 年	
			2025 年	
			2026 年	
	〈3〉		2024 年	
			2025 年	
			2026 年	
新規売上での原価増減	〈4〉		2024 年	
			2025 年	
			2026 年	
	〈5〉		2024 年	
			2025 年	
			2026 年	
	〈6〉		2024 年	
			2025 年	
			2026 年	

クロス分析の戦略と具体策に該当する経費支出・削減の科目と金額に関する科目の概況と内容（新対策で新たに発生する経費も含む）			年度	新たに増減する経費
既存ビジネスでの経費増減	〈1〉		2024 年	
			2025 年	
			2026 年	
	〈2〉		2024 年	
			2025 年	
			2026 年	
	〈3〉		2024 年	
			2025 年	
			2026 年	
新規売上での経費増減	〈4〉		2024 年	
			2025 年	
			2026 年	
	〈5〉		2024 年	
			2025 年	
			2026 年	
	〈6〉		2024 年	
			2025 年	
			2026 年	

(4) 今期の「経営方針」「スローガン」および「重点具体策」

　アクションプランのポイントは、前述の「具体策連動 中期収支計画」であり、右側に記載された各種の具体策を確実に実行するための行動プロセスの掘り下げと、モニタリングを可能とするためのKPIである。

　まず、上段左の「Ｉ 今期の経営スローガン」は、これまで検討してきたことで、何に一番集中すれば、この計画が実現するか、経営者が今期重点的に取り組む内容をキャッチフレーズにして一言に集約する。

　上段右の「Ⅱ 今期の経営方針」には、前述の「具体策連動 中期収支計画」の右側で抽出された各種の具体策を要約して箇条書きにする。「今期の経営方針」として、固有名詞を用いて具体的に箇条書きにする。

　続いて「Ⅲ 今期の重点具体策と年間行動スケジュール」では、まず「重点具体策」に上段右の「今期の経営方針」をコピーする。

　「重点具体策を実行するために必要な準備、段取り、詳細内容〈具体的に行動内容が見えるような表現〉誰が、いつまでに、どのようにと言えるような具体的な行動項目」では、行動プロセスを最低3段階で分解する。

　第1作業としては、その重点具体策を実際に実現していくために必要な、最初の行動や準備等の内容である。

　第2作業は、第1作業の準備ができたら、次に実行する行動や実際に動き出す

〇〇〇〇年度経営スローガン・経営方針および重点具体策

Ｉ　今期のスローガン

（目指したい姿の一言集約。～しよう）

経営者から今期の
重点事項としての
キャッチフレーズ
を聴き、記述する

〇〇〇〇〇〇〇〇〇〇〇〇〇〇〇〇〇〇〇

ための条件整備を記載する。第1作業で抽出された行動や準備と重なる部分があってもよい。

　第3作業は、実際に掲げた重点具体策の結果を出すために、実施中のチェックや中間指導、中間対策、行動のゴールを記載する。

　「誰が行うまたは担当部門」では、各行動プロセス単位で、実行責任者の氏名または担当部門を記載する。

　「いつまでに形にする」では、各行動プロセス単位で期限を設定する。

　下段右側の「第1四半期中にどこまで進める」では、予定欄の左に書かれた各行動プロセスを、いつのどのタイミングで報告してもらうか、または具体的なアウトプットを出してもらうかを記載する。内容として上記で出た行動プロセスをさらに工程ごとに細かく分類して記載することで、後のモニタリングで、どこができてどこができていないかが明確になり、進捗管理がしやすくなる。

　その後の「各四半期中にどこまで進める」では、特に、第1、第2四半期までの「予定欄」はしっかりと書いておく。

　下段の「結果」欄では、モニタリング会議において、チェックの結果を記載し、「誰がいつどの会議で決定済み」や「誰が△月△日の会議では○○のため未実施」と記載する。未実施の場合は、修正チェック事項を次の四半期の予定欄に記載し、当該月に再度進捗をチェックする。

前期の反省、今期の対策（売上・原価・経費・資金・社内体制）から出た内容

Ⅱ　今期の経営方針

1	
2	
3	
4	
5	

Ⅲ　今期の重点具体策と年間行動スケジュール

	重点具体策	重点具体策を実行するために 必要な準備、段取り、詳細内容 〈具体的に行動内容が 見えるような表現〉	誰が行う または担当部門	いつまでに 形にする	予定と結果
1					
2					
3					
4					

第1四半期中にどこまで進める（チェックできる具体的な予定、おおよその月次）	第2四半期中にどこまで進める	第3四半期中にどこまで進める	第4四半期中にどこまで進める
○○年○月～○○年○月	○○年○月～○○年○月	○○年○月～○○年○月	○○年○月～○○年○月

（5） モニタリング会議

　モニタリングとは、アクションプランの進捗状況を確認し、再度の決定事項として「修正アクションプラン」を作成する経営会議を意味する。

　会計事務所がオブザーバーで参加する経営会議でのモニタリングといえば、基本的には、損益の数値に関する予実管理が主流となっており、詳細な行動プロセスの確認やチェックは企業単位の営業会議や幹部会議などで行われていた。

　しかし、根拠ある経営計画書作成において、中期ビジョン、中期収支計画、今期の行動プロセスを一緒に作成したわけだから、会計事務所やコンサルタントは当然、そこまで介入していくべきである。

　また、自社単独で「根拠ある経営計画書」を作成した場合、このアクションプランのモニタリングをせずに、実態と経営計画書の内容がかけ離れたものになっていると、「根拠ある経営計画書」は「数値羅列型計画書」とあまり変わらず、金融機関から評価されず、融資においても厳しく指摘される。

　実際に経営者自身で作成した行動プロセスをほとんど実行しないまま決算を迎えるということは、決めたことを実行していないわけであるから評価は下がって当然となる。そうならないためにも、第三者としてモニタリング会議に参加し、数値だけでなく、行動プロセスの予実管理も行っていくことが理想である。

　ただ、中小企業におけるモニタリング会議で、会計事務所がただ参加し、コメントを言うだけでは、あまり効果的とは言えない。行動プロセスを具体的な決定事項まで導いていけるノウハウもなければ、それができる経営者は決して多くはない。

　そこで、MGS税理士法人が実施しているのが、「経営会議支援システム」である。

　中小企業では、会計事務所が経営会議の司会と書記を同時に行い、会議の進行をどんどん決定事項に誘導したほうが会議は進みやすい。

　多くの企業では経営会議が脱線し、具体的な決定事項にたどり着かないことが多い。書記を総務担当者や若手が行うと、発言を忠実に記載した文字の羅列にしかならず、議事録の内容を見返しても決定事項が不明瞭であり、読み返すこともなくサーバーで眠っていることになってしまう。その最たる原因は、会議中に臨場感ある議事や決定事項を視覚で追いかけていないからである。

MGS税理士法人で取り入れている「経営会議支援システム」は、議事内容をリアルタイムでPCに入力し、プロジェクターや大型モニターに投影させている。無駄な議論は入力しないし、重要事項については、その行動プロセスを聴き出し、5W2Hの形で具体的な決定事項に誘導していく。

　社長が司会をすると意見が言えない空気が漂い、若手が司会をすると上席者が当事者の事案について期限を守れなかった理由やいつまでに行動していくか等、具体的に追求していくことが難しくなる。

　そういった意味でも、第三者である会計事務所やコンサルタントが司会と書記を行えば、議事はスムーズにいく。当然、そのためには会議での聴き出しスキルや簡素化、箇条書きの文字化技術も学習しなければならない。

　司会として話しながら、まとめながら、文字を打ち込む作業は、慣れるまで時間がかかる。しかし、文字を入力している時間は参加者がその発言に対していろいろ思考を巡らせる時間となり、各個人でしっかりと落とし込みができたり、別の意見が出たりと会議が活性化していく。

　アクションプランのモニタリングでも、記載されたアクションプランをプロジェクターや大型モニターに投影して、参加者に見せながら、司会者として「実施状況のチェック」「未実施の場合の理由と再対策と再期限」「新たな課題と対策、担当や期限」を聴き出しながら、そのまま入力する。そうすることで期限や内容が意識されていく。あまりにも毎回前に進まなければ、いかに本業が忙しくとも少しずつ意識が変わって実行に移されていくものである。

3 根拠ある経営計画書：事例解説〈オーダー家具製造業〉

《当該企業の概要》

　株式会社Ｉは関西に所在する会社である。主要事業は、設計デザインおよびオーダー木工家具の製造販売であり、関西を中心に事業展開している。年商は約3億5,000万円で、役員および従業員は11名である。

(1) 当該企業の課題

　設立以来、順調に売上を伸ばし、顧客からの紹介により受注量も安定している。ここ数年のコロナの影響もあり、一時成長が鈍化していたが、受注量や売上高は回復傾向にある。

　各担当者への権限移譲が進み、仕事が会社ではなく、人についてしまっているというケースが増えてきた。現状では、各担当者が責任をもって業務に取り組んでいるので大きな問題となっていないが、経営者からすると現場情報が入りにくい組織体制となっており、新しい人材が育ちにくくなっているという懸念があった。

(2) 根拠ある経営計画書作成を導入した背景

- 今まで経営計画を策定したことがなく、上記課題を解消していくためにも、将来を見据えた動きが必要である。
- 会社としての将来性を従業員に示せておらず、各担当者任せのため、このままいくと退職や独立の可能性が高まってきた。
- 顧客からの紹介により受注量が安定しているが、現状の人材だけではキャパが足りない。また、若い人を入れても人材育成ができない。
- さらに幹部社員が退職し独立する話がある等、人材育成が急務となった。

上記のように課題は明確であるが、経営者自身も現場に入ることも多く、日々の業務に忙殺され、計画的な経営ができず、その場しのぎの経営になっていると感じていた。

　そのような機会に当事務所で新たに関与することとなったことをきっかけに、経営計画策定を提案。経営者に承諾していただき「根拠ある経営計画書作成」支援が始まった。

（3）　作成ドキュメント

　今回の中期計画では、

①中期5か年の市場や体制、その他の方向性の整理

②昨年度の問題点やよかったことの出来事を整理

③前期反省と中期方針から、今年度の「経営具体策」の整理

④今年度の具体策連動中期収支計画作成

⑤来年度の行動計画の策定

これら5段階に分類して、議論過程を「見える化」した。参加者は経営者と幹部社員の2名で、1日目約4時間、2日目約4時間の計8時間ほどを費やした。

（4）　中期ビジョン

　まずはフレームに沿って、今後5か年の市場の動きや設備投資の予定、組織づくりの計画を経営者からヒアリング。また、今後5か年の大雑把な数値計画も確認していった。

　今回の事例では、コロナ前には受注量が安定しており、売上高は順調にコロナ前の水準に戻りつつあったことで、当初の計画値は手堅いものとなっていた。

　しかし、数値計画の下段に位置している項目の聴き取りを進めていくと、今後の事業展開や設備投資、従業員の給与上昇など、経営者や経営幹部の想いや意見が出て、手堅い数値計画は徐々に上方修正された。

「中期ビジョン」は、

●前期に行った設備投資の効果を最大限に活かしていくこと

●既存事業の強みを活かして受注を拡大していくこと

●単価勝負でなく、独自の強みを持って受注単価を上げていくこと

●現状のオリジナル性では低くなってしまいがちな粗利率を改善していくこと

など、主に売上、原価に関するビジョンが多く提案された。

具体的な戦略項目として下記の4点が挙げられた。

●設備投資の効果を狙い、大型のオンデマンド家具の受注と製作

●施工が難しい改修工事を「トータルで施工管理」できることを売りに拡大

●単価勝負やコンペの大型案件より、単価のとれる中小型物件の受注拡大

●オリジナル性を出した演出をしつつ、規格品率を高めて粗利率向上

❶数値計画等

前期実績をふまえつつ、数値の聴き取りを行った。当初は無難な数値となっていたが、下段の項目の聴き取りを進めながら、さまざまな展開や経営者自身の想いによって、数値はより具体的に変化した。

売上項目を既存事業と新規事業に分類し、既存事業もいくつかに分類することで、伸ばす売上、伸びない売上が明確になっていく。また、従業員1人当たりの年収を計画値に織り込むことで、そのために必要な売上や粗利などが具体化されていった。

❷市場の動き・予測

業界内部の動きや外部環境で影響のある事柄、最近の傾向で受注が増えているジャンル、逆に減っているジャンルを確認しながら、聴き取りをしていった。

最近の売上状況や業界の動きとして下記の2点が挙げられた。

●オンデマンド製作家具の比率が増加している

●美術館やモニュメント家具など、高級製作家具や什器などの指名の増加

また、関西ということもあり、外部環境の影響として、IRや万博が予定されていることから、2点挙げられた。

●IRと2025年万博から、モニュメント家具の依頼の可能性がある

●海外からの製作家具、什器の依頼を増やす

❸ポジショニングまたはシェア

現状の商材の強み、業界での評価を整理し、中期的に強みとなっていく部分を整理した。現状での位置づけとして2点挙げられた。

●短納期の工事、製作家具の依頼に強く、評価されている（シフトを上手に組んでいる。外注先の協力、機械設備の投資の効果）

●店舗デザイン、家具などの内製化と外部購入品のバランスがいい（短工期）

❹今後強みを活かして伸ばしていく商材

- 住宅、工場、店舗の増改築等の「施工が難しい改修工事」を「トータルで施工管理する」案件を拡大していく
- 「トータルで施工管理」を伸ばすために、設計、デザイン、内装、家具の一式（クリニック、オフィス）の紹介を増やしておく。将来、伸ばしていく商材とそれを実現するために取り組むことが複数挙げられた。

❺商品戦略

今後伸ばしていく商品が捻出された。前期に行った設備投資をいかに生かしていくかの意見も出て、下記のような戦略になった。

- 空き駐車場にモジュール建屋という商品が伸びる ➡ NC（自動制御）を使ってメーカー規格品に細かい改良オプションのニーズに対応していく

❻顧客戦略

既存事業に関して今後減少していく受注、もしくは利益率が低い顧客を減らしていくための「顧客や事業に関する項目」が挙げられた。

- 工務店、設計事務所からの「こだわらない」普通のリフォームは減少傾向であり、継続紹介の数は増やさない

❼組織体制

業界的に人材不足への懸念から、外注先の確保や企業として課題となっている教育に関する項目が挙げられた。

- いい外注先の確保
- 工場長が教育を実施、継続していく

❽設備・投資戦略

前期で設備投資は行ったものの、将来を見据えた設備投資について経営者の考えが確認できた。

- 2024年にものづくり補助金で機械を導入
- 工場が手狭になるため、会社の空きスペースに機械を入れる建屋を増築

※事例企業は部門ごとに業務を行っていないので「部門戦略」は割愛した。

中期経営計画【2023 年〜 2026 年】

中期ビジョン	● 設備投資の効果を狙い、大型のオンデマンド家具の受注と製作 ● 「施工が難しい改修工事」を「トータルで施工管理」を売りに拡大 ● 単価勝負やコンペの大型物件より、単価のとれる中小型物件の受注拡大 ● オリジナル性を出した演出をしつつ、規格品率を高めて粗利率向上

	2022 年実績（速報）		2023 年	
総売上	350,000		411,000	
● 建築一式（完工）	200,000	57%	230,000	56%
● 木工売上（家具）	140,000	40%	170,000	41%
● 建材売上	10,000	3%	10,000	2%
● 新規事業（Web）			1,000	0%
原価	232,050		270,438	
粗利益	117,950		140,562	
粗利益率　%	33.7%		34.2%	
販管費合計				
営業利益				
営業利益率　%				
営業外収支				
経常利益	2,000		6,000	
経常利益率　%	0.6%		1.5%	
従業員数	11 名（社員 8 名、専属外注 3 名）		12 名（社員 9 名、専属外注 3 名）	
労働分配率　%	40%		48%	
平均年収（1 人当たり）	4,000		4,200	

2024 年		2025 年		2026 年	
435,000		490,000		515,000	
240,000	55%	270,000	55%	280,000	54%
180,000	41%	200,000	41%	210,000	41%
10,000	2%	10,000	2%	10,000	2%
5,000	1%	10,000	2%	15,000	3%
283,620		317,520		329,600	
151,380		172,480		185,400	
34.8%		35.2%		36.0%	
10,000		12,000		17,000	
2.3%		2.4%		3.3%	
15 名（社員 12 名、専属外注 3 名）		15 名（社員 12 名、専属外注 3 名）		15 名（社員 12 名、専属外注 3 名）	
50%		48%		48%	
4,500		4,800		5,000	

	2022 年実績（速報）	2023 年
市場の動き・予測 （自社に関係する競合環境、景気先行き、盛衰の分野等）	● オンデマンドの製作家具の比率が増えている（店舗 60％、オフィス 30％、 ● 美術館、モニュメント家具などの高級製作家具、什器などの指名が増えて	
ポジショニングまたはシェア （業界、地域での位置づけ、強み、商材別シェア等）		● 設計、デザイン、内装、家具の一式 ● 店舗のデザイン、家具などの内製化
		● 住宅、工場、店舗の増改築の「施工 ● 短納期の工事、製作家具が高く評価
商品戦略 （伸ばす商材、減らす商材、新たな商材、マーケティング展開等）		● 駐車場にモジュール建屋の商品が伸
顧客戦略 （顧客開拓、CS、囲い込み、新チャネル、Web 戦略等）		● 工務店、設計事務所からの「こだわ
		● 工務店、設計事務所からの継続紹介
組織体制 （非正社比率、後継者、独算制、分社、グループ体制、新組織等）		● いい外注先の確保
		● 工場長が教育を実施、継続していく
設備投資戦略 （出店、機械投資、ノウハウ投資等）		
部門戦略 （営業部、管理、生産、店舗等の個別方針）		

2024 年	2025 年	2026 年
住宅 10%) いく		
● IR と 2025 年万博から、モニュメント家具の依頼可能性がある ● 海外からの製作家具、什器の依頼を増やす		
（クリニック、オフィス）紹介を増やしていく と外部購入品のバランスがいい（工期が短い）		
が難しい改修工事」を「トータルで施工管理」を増やしていく されている（シフトを上手に組んでいる、外注先の協力、機械設備の投資）		
びる➡ NC を使ってメーカ規格品の細かい改良オプションのニーズに対応していく		
らない」普通のリフォームは減少傾向		
の数は増やさない		
● 2024 年に、ものづくり補助で 機械を導入		
● 2024 年に、機械を入れる建屋 増築（500 万円）		

（5） 前期の反省

　次に今年度の反省を議論した。前述のとおり、前期の反省を「前期のプラスの出来事・プラス要因」と「前期のマイナス出来事・マイナス要因」に分けて確認していった。

　Ｉ社の場合、特定の顧客から安定した受注があることで、大きな「前期のプラス出来事・プラス要因」も「前期のマイナス出来事・マイナス要因」もあまりなかった。

　売上、仕入、外注、外部環境、社内環境、人材等分野を絞って質問を行うことで、それぞれの事項に関するさまざまな意見が出された。

　前期の反省は漠然と質問するとなかなか出なかったが、分野を絞って質問することでそれぞれの分野においての出来事や要因が挙げられた。

	前期のプラス出来事・プラス要因	前期のマイナス出来事・マイナス要因
①	既存の UD とデリベーション（設計）からの発注が拡大➡徐々に実績を積み上げてきたから	リピートできる設計事務所からの受注契約が減少（見込み予定の精度の見極め不足）
②	緊急な短納期依頼は社員も外注も協力的	現場動向の把握をするためのミーティングが定例開催できていない➡現場からのタイムリーな報告ができてない
③	外注の選定（技術量、対応力を審査）をした結果、さばける仕事が拡大	職人のうち１名を現場監督のために１年間専属につけたが、OJT ができず、効果を発揮できなかった
④	設備導入と建屋の建設を実施	設備導入を行ったが、作成できる商品の宣伝がうまくできておらず受注が少ない
⑤	隣接地の土地と建物を購入し、リフォーム後、建材置き場として賃貸で収入化	

（6）　前期の反省と新テーマ・中期ビジョンから出た今期の課題

　次に、「前期の反省と新テーマ・中期のビジョンから出た今期の課題」について検討した。中期ビジョンで出た課題は、売上、粗利に関するものが多かったことから、ここでも売上・粗利中心となった。

　中期ビジョンからは、既存事業で伸ばしていく売上で、前期に行った設備投資を活かし、前期のマイナス出来事で挙げられたことをふまえて、宣伝や演出、認知度向上に向けた課題が挙げられた。

　このうち表中④は、反省点のプラスの出来事・プラスの要因で挙げられた外注の選定に対して、一歩踏み込んだ課題として挙げられた。

　粗利率向上に向けての規格品率を高めるための取り組みとして、過去に一度開設はしたもののほとんど利用されていないオンラインショップを利用して、商品の宣伝も兼ねて利用できないかということで、これを課題として残した。

　今期の課題は、本来なら中期ビジョンの7項目、前期の反省点から捻出されるのが基本となる。しかし、中期計画や中期ビジョンには挙がらなかった項目で、こちらの質問や他社事例の紹介等により、社長や幹部が日頃考えていることが出てくることもあった。

　そのためさまざまな角度から議論し、それらを具体的に5W2Hに落とし込みながら、次の「来期の具体策連動中期収支計画」の作成に活かしていった。

	前期反省と新テーマ・中期ビジョンから出た今期の課題
①	設計事務所に「製作家具」のよさを提案 ➡ NC旋盤でできる家具のカタログ作成（期限：2024年春作成し、配布）
②	設計士、施主を招いて、仕上がった家具・什器の検品をしてもらうスペースの活用と演出
③	フリースペースでの検品を動画化し、サイトにアップ。Webに英訳をつけて海外からの直オファーに対応
④	外注への仕事量を増やし、外注単価を減らすため、オフィス系で規格品率を上げて粗利率を上げる仮説検証
⑤	駐車場にモジュール建屋（NCを使って）の商品が伸びる ➡ メーカー規格品を細かい改良オプションのニーズに対応 ➡ Webでの直営業
⑥	オンラインショップで製作家具、木工製作品の直販の展開
⑦	外注先の確保、人材採用による計画的なOJTの実施

（7）　来期の具体策連動中期収支計画

　「来期の具体策連動中期収支計画」では、これまでの中期ビジョン、前期の反省、今期の課題から捻出された来期の経営具体策を概算数値（売上・原価・経費）整理の欄を活用しながら、具体的な数値計画に反映させていく。

　売上項目は中期ビジョンの内容や今期の課題で整理された内容を吟味し、既存事業の売上高の増加と新規事業での新たな売上高を区別して記載することで、「既存戦略」と「新規戦略」での売上高の違いが明確になっていく。

　既存事業の項目を分類し、今まで検討してきた項目を考慮して、伸ばす商材、積極的に動かない商材に分けて数値の検討を行った。

　積極的に動いて伸ばす項目に関しては、前期のビジョンや課題で挙がった項目をもとに具体的な数値の検討をしていった。

　Ｉ社においては、売上の分類を既存事業として３つに分類し、新規事業として今期の課題でも出てきたオンラインショップの売上を項目追加した。

　そして、今期の課題や中期ビジョン等に挙げられている項目を「戦略と具体策から捻出される売上概況・内容」に列挙していった。

　今回は今期の課題で売上項目に関するものも多かったことから、ほとんどが今期の課題からの事項となった。

- 設計事務所に「製作家具」のよさを提案 ➡ NC 旋盤でできる家具のカタログ作成（期限：2024 年春作成し、配布）
- 設計士、施主を招いて、仕上がった家具・什器の検品をしてもらうスペースの活用と演出
- フリースペースでの検品を動画化し、サイトにアップ。Web に英訳をつけて海外からの直オファーに対応
- 駐車場にモジュール建屋（NC を使って）の商品が伸びる ➡ メーカー規格品に細かい改良オプションのニーズに対応 ➡ Web での直営業
- オンラインショップで製作家具、木工製作品の直販の展開

　それぞれ捻出された項目によって、どの売上が増減するのかを具体的に記載し、実際に数値計画に反映させた。

次に経費に関しても、提案された来期の経営具体策をもとに増減を検討していった。具体的には、「戦略と具体策に該当する経費支出・削減の科目と金額に関する科目の概況と内容」に、売上のときと同様に提案された具体策を転記もしくは追加していき、それによりどの経費が新たに増加するのかを検討し、数値計画に反映させた。

設備投資や人材採用、新規事業としてオンラインショップの復活が挙げられており、減価償却、人件費、広告宣伝費の増加を数値計画に織り込んだ。また、売上増加に伴い、連動して増加する経費の検討も行い、計画値に反映させた。

- オンライン直販のサイト作成と広告費で毎年200万円計上
- 現場社員を3名採用（人件費1,200万円増）、計画的にOJTを実施する
- 令和7年10月期導入に向け、曲面加工のできる木工ルーター導入（費用3,000万円、内補助金1,000万円）で償却費200万円
- 木工ルーターを入れる建屋を今の空きスペースに建設（500万円見込み）償却費70万円
- 売上増加に伴い、各種経費の増加を見込む

最後に、経費計画をふまえて、必要利益を確保するための粗利額を増やすため、粗利率の改善や売上増の再シミュレーションを行い、具体的に数値計画を検討。

今期の課題として粗利率向上も掲げていたので、そこもふまえて検討していき、数値計画に落とし込んだ。

また、参加者と話をしていくなかで、今後売上増加による生産性悪化や値上げ傾向が続く予測であったことから、その他の原価の部分に反映させた。

具体的に「戦略と具体策に該当する仕入または粗利に関する概況・内容（新商材・新規チャネル等で発生する原価や仕入、既存商材の売上ダウンに伴う仕入減、または粗利率の変動も含む）」で挙がった項目は下記のようになった。

- NC旋盤と検品スペースの利用で完成工事と木工工事の粗利率を1％改善
- 外注への仕事量を増やし、外注単価を減らすことで、オフィス系で規格品率を上げて粗利率を上げる仮説検証
- 売上増加に伴う原価への影響を考慮し、総売上に対するその他原価を1％から2％増で見積もる

具体策連動 中期収支計画

(単位：千円)

科目	売上科目	商品または顧客	2022 年度実績	2023 年度の予想	2024 年度の予想	2025 年度の予想
売上	完成工事売上高		200,000	230,000	240,000	250,000
	木工売上		140,000	170,000	180,000	190,000
	建材売上		10,000	10,000	10,000	10,000
	新規事業売上（Web）			1,000	5,000	8,000
	売上合計		350,000	411,000	435,000	458,000
原価	原材料・仕入（売上原価）		72,800	80,400	84,100	87,800
	外注費		155,600	182,000	190,800	199,600
	その他原価		3,500	8,220	8,700	9,160
	原価計		231,900	270,620	283,600	296,560
粗利合計			118,100	140,380	151,400	161,440
平均粗利率			33.7%	34.2%	34.8%	35.2%
販売費および一般管理費	人件費（法定福利・福利厚生込）		65,000	75,000	80,000	85,000
	広告宣伝費		200	2,200	2,200	2,200
	水道光熱費		1,000	1,000	1,000	1,000
	消耗品費		1,500	2,000	3,000	3,500
	減価償却費		13,319	14,000	16,000	16,000
	旅費交通費		4,500	5,500	6,000	6,500
	その他経費		30,512	35,000	37,000	40,000
	販管費合計		116,031	134,700	145,200	154,200
営業利益			2,069	5,680	6,200	7,240
営業外	営業外支出					
	営業外収益					
経常利益			2,069	5,680	6,200	7,240

戦略での概算数値（売上・原価・経費）整理	
クロス分析の戦略と具体策から捻出される売上概況・内容 （新商材・新規チャネル等の売上増や既存商材の売上減等）	新たに増減する 売上高
〈1〉　設計事務所に「製作家具」のよさを提案 ➡ NC旋盤でできる家具のカタログ作成（期限：2024年春作成し、配布）	木工売上
〈2〉　設計士、施主を招いて、仕上がった家具・什器の検品をしてもらうスペースの活用と演出	完成工事高、木工売上
〈3〉　フリースペースでの検品を動画化し、サイトにアップ。Webに英訳をつけて海外からの直オファーに対応	完成工事高、木工売上
〈4〉　駐車場にモジュール建屋（NCを使って）の商品が伸びる⇒メーカー規格品に細かい改良オプションのニーズに対応 ➡ Webでの直営業	完成工事売上、木工売上
〈5〉　オンラインショップで製作家具、木工製作品の直販の展開	新規事業売上、木工売上
クロス分析の戦略と具体策に該当する仕入または粗利に関する概況・内容 （新商材・新規チャネル等で発生する原価や仕入、既存商材の売上ダウンに伴う仕入減、 または粗利率の変動も含む）	新たに増減する 原価・仕入
〈1〉　NC旋盤と検品スペースの利用で完成工事と木工工事の粗利率が1%改善	原材料・仕入（売上原価）
〈2〉　外注への仕事量を増やし、外注単価を減らすため、オフィス系で規格品率を上げて粗利率を上げる仮説検証	外注費
〈3〉　売上増加に伴う原価への影響を考慮し、総売上に対するその他原価を1％から2％で見積もる	その他原価
クロス分析の戦略と具体策に該当する経費支出・削減の科目と金額に関する科目の概況と 内容（新対策で新たに発生する経費も含む）	新たに増減する 経費
〈1〉　オンライン直販のサイト作成と広告費で毎年200万円計上	広告宣伝費
〈2〉　現場社員を3名採用（人件費1,200万円増）、計画的にOJTを実施	人件費、消耗品費、旅費交通費
〈3〉　令和7年10月期導入に向け、曲面加工のできる木工ルーター導入（費用3,000万円、内ものづくり補助金1,000万円）で償却費200万円	消耗品費、減価償却費
〈4〉　木工ルーターを入れる建屋を今の空きスペースに建設（500万円見込み）償却費70万円	消耗品費、減価償却費
〈5〉　売上増加に伴い、各種経費の増加を見込む	消耗品費、旅費交通費、その他経費

(8) 今期の経営方針と重点具体策

　最後に、「今期の経営方針と具体策フォーム」において中期経営計画を達成するために、今期取り組む各種具体策を行動プロセスへと落とし込み、モニタリングできるようにする。まず「Ⅰ　今期の経営スローガン」を掲げようとしたが、なかなかいいスローガンが出ず、まずは「Ⅱ今期の経営方針」を整理することとした。

　「Ⅱ　今期の経営方針」は、「具体策連動 中期収支計画」のフレームの右側で掲げられた「各種の具体策」の優先順位を定めて箇条書きで記載し、そのまま「Ⅲ 今期の具体策と年間行動スケジュール」の重点具体策へとコピーした。

- ●設計事務所に「制作家具」のよさを提案 ➡ NC旋盤でできる家具のカタログ作成（期限：2024年春作成し、配布）
- ●フリースペースでの検品を動画化し、サイトにアップ。Webに英訳をつけて海外からの直オファーに対応
- ●現場社員を3名採用（人件費1,200万円増）、計画的にOJTを実施する
- ●令和7年10月期導入に向け、曲面加工のできる木工ルーター導入（費用3,000万円、内補助金1,000万円）で償却費200万円
- ●駐車場にモジュール建屋（NCを使って）の商品が伸びる ➡ メーカー規格品に細かい改良オプションのニーズに対応 ➡ Webでの直営業
- ●オンラインショップで製作家具、木工製作品の直販の展開

　続いて上記の重点具体策の行動プロセスを段階的に分類し、「重点具体策を実行するために必要な準備、段取り、詳細内容」に落とし込んだ。そして具体的に誰が、いつまでに形にしていくかをそれぞれ検討し、責任者と期限の設定を行った。

　重点具体策は優先順位の高いものが上位にきているので、取り組む内容は非常に明確になっている。

　責任者に関しては、最初は経営者がほとんどであった。だが今期重点具体策の量を考えると、経営者だけでは難しいとの判断から、さまざまな人を巻き込み権限を渡すことにした。

また、期限を決めていくことで、現実的にいけるのか難しいのかの判断が「見える化」しているので、一度記載した期限が少しずつ修正されていった。

　続いて、最終期限を意識しながら、具体的にいつまでに、何をどのような状態にしておくかを決定し、「各四半期中にどこまで進める」の予定欄に行動プロセスをさらに細分化した実際の行動、期限、責任者を記載した。

　最後に空白になっていた今期の経営スローガンを確認して記載した。Ｉ社が今まで中期計画を策定したことがなかったことは先述したとおりである。

　この一連の支援で、先を見据えての経営の重要性を理解していただけた結果、今期を中期ビジョン達成に向けた種まきの期間と捉えることとした。土台を構築していくためスローガンとして「中期計画実現のための種まきをする」という文言が記載された。

2024年度　経営方針・スローガンおよび重点具体策

I 今期の経営スローガン

中期計画実現のための種まきをする

III 今期の重点具体策と年間行動スケジュール

重点具体策		重点具体策を実行するために必要な準備、段取り、詳細内容〈具体的に行動内容が見えるような表現〉	誰が行う、または担当部門	いつまでに形にする	予定と結果
1	設計事務所に「製作家具」のよさを提案➡NC旋盤でできる家具のカタログ作成（期限：2024年春作成し、配布）	制作できる家具の選定、協力先のピックアップ、打ち合わせ	社長・工場長	12月31日	予定
		内容の選定、デザインの決定、たたき台の作成	社長	1月31日	
		カタログの制作、印刷発注、配布先の選定、配布	社長	2月28日	結果
2	フリースペースでの検品を動画化し、サイトにアップ。Webに英訳をつけて海外からの直オファーに対応	協力先のピックアップ、ノウハウの習得	社長・事務	12月31日	予定
		webページの打ち合わせ、設計・制作	社長・事務	2月28日	
		定期的な投稿（1か月2件〜）	社長・事務	10月31日	結果
3	現場社員を3名採用（人件費1,200万円増）、計画的にOJTを実施する	採用ページの作成・発注	社長	12月31日	予定
		選定・面接・採用	社長・工場長	2月28日	
		教育	社長・工場長	10月31日	結果
4	令和7年10月期導入に向け、曲面加工のできる木エルーター導入（費用3,000万円、内補助金1,000万円）で償却費200万円	導入計画策定	社長・工場長	10月31日	予定
		スペース確保、機械選定、発注	工場長	翌期	
		導入後の活用方法検討	工場長	翌期	結果
5	駐車場にモジュール建屋（NCを使って）の商品が伸びる➡メーカー規格品に細かい改良オプションのニーズに対応➡Webでの直営業	商品設計および企画	社長・工場長	10月31日	予定
		営業のためHPの設計変更・見直し	社長	翌期	
		受注後のアプローチおよび打ち合わせ	社長・工場長	翌期	結果
6	オンラインショップで製作家具、木工製作品の直販の展開	協力先のピックアップ、ショップ設計の打ち合わせ、構築	社長	12月31日	予定
		商品の試作、商品選定	社長	7月31日	
		ショップ開設、商品投稿、販売	社長・事務	10月1日	結果

II 今期の経営方針

1	設計事務所に「製作家具」のよさを提案➡NC旋盤でできる家具のカタログ作成（期限：2024年春作成し、配布）
2	フリースペースでの検品を動画化し、サイトにアップ。Webに英訳をつけて海外からの直オファーに対応
3	現場社員を3名採用（人件費1,200万円増）、計画的にOJTを実施する
4	令和7年10月期導入に向け、曲面加工のできる木工ルーター導入（費用3,000万円、内ものづくり補助金1,000万円）で償却費200万円
5	駐車場にモジュール建屋（NCを使って）の商品が伸びる➡メーカー規格品に細かい改良オプションのニーズに対応➡Webでの直営業
6	オンラインショップで製作家具、木工製作品の直販の展開

第1四半期中にどこまで進める（チェックできる具体的な予定、おおよその月次）2023年11月～2024年1月	第2四半期中にどこまで進める 2024年2月～4月	第3四半期中にどこまで進める 2024年5月～7月	第4四半期中にどこまで進める 2024年8月～10月
協力してくれる会社の選定・連絡・打ち合わせ（12月中）カタログ制作の発注先選定・発注（1月中）	打ち合わせ（2月）配布先選定（2月上旬）➡3月に延期 実際に配布（2月中）➡3月に延期		
協力してくれる会社の選定は完了 打ち合わせは日程が合わず2月に持ち越し			
協力してくれる会社の選定・連絡（12月中）打合せ・設計・ノウハウの習得（1月上旬）	打ち合わせ、設計、ノウハウの習得1月予定を延期(2月中)Webページの打ち合わせ・設計・制作（2月）投稿毎月2回以上	投稿毎月2回以上	投稿毎月2回以上
協力してくれる会社を選定し、連絡は取ったが予定が合わず打ち合わせ等ができなかったため、一部予定を延期			
採用ページの作成・発注（1月）	面接・採用（2月）➡採用までいかない場合には3月中に再度検討していく	現場教育（毎月）	現場教育（毎月）
採用ページの作成・発注を1月上旬に完了。募集を開始したが、思ったより少ない。もう少し様子を見て難しければ他の方法検討			
			導入計画書策定（10月まで）
			・情報収集および商品設計 ・商品会議・営業会議の開催（月1回）
協力してくれる会社の選定・連絡（12月中）打ち合わせ・ショップの設計（1月中）	ショップ設計の詰め作業（2月）商品選定（3月）試作品制作（4月）	商品最終選考（6月）在庫制作（7月）	運用開始（10月～）
社長を中心に協力会社との打ち合わせ完了。ショップ設計を進めているが、もう少し詰め作業が必要			

（9） 根拠ある経営計画策定後の参加者の反応

　経営者の頭のなかにはあるものの、何年もの間実行できていないことが整理され、幹部との共有もでき、可否を選択し、必要なものを実行に移していくスケジュールが確立できた。

　その結果、一連の経営計画の内容が「可視化」されたことに非常に喜んでいただけた。また、行動をスケジュールに落とし込んでいくことで期限も決まり、実行の可能性が高まっていると感じていただけた。

　今まで中期計画を策定してこなかったこともあり、経営計画の必要性は最初は半信半疑であったようだ。しかし、策定過程において、会社として積み上げてきた実績、成果を実感したと同時に、これから先組織を成長させていくために必要な行動が具体化したことで、経営計画書のイメージが変わったようだ。

　何年もの間、経営者の頭のなかだけにあったものが幹部と共有でき、明文化することでさらに整理でき、やっと前に進めると好評を得た。

　今後、モニタリングを通じて、今まで以上に加速して成長していただければと期待している。

MGS戦略ノウハウ3

プロセスを重視する KPI監査

《事例：鉄鋼加工業》

MGS 税理士法人

戸田 義則

1 MGS税理士法人が KPI監査をすすめる理由

　MGS税理士法人は「予想損益」という手法で毎月、月次決算の締めだけではなく、翌月以降の数字をどうするか、経営者と共に数字を出し、決算を見据えた対策をしていた。

　しかし、その数字を出すための根拠・行動プロセスにまで介入していなかった。多くの会計事務所はそのことについて、「われわれの仕事ではない」と割り切るだろう。だが、MGSは中小企業に寄り添いたい、最良のビジネスパートナーでありたいという経営理念のもと、またRE-経営の嶋田先生の指導のもと、この行動プロセスに積極的に介入していくことが本当に顧問先のためになるであろうという信念を持っている。

　しかし、この行動プロセスは多くの場合、「誰が」「いつ」「何をする」程度しか決めない。いわゆるアクションプランというものである。このアクションプランには弱点がある。それは検証ができないということである。

　行動を検証するのは、会計事務所としては難しい。そこで、行動プロセスを数値として検証できないかと考えたときに「KPI監査」という手法の存在を知ったのである。

　このKPI監査を後述する事例解説でW社に導入した。その結果、W社には、行動プロセスを掘り下げることがここまでよい効果を生むのかと、非常に喜ばれた。

　われわれはこのKPI監査に自信と誇りを持っている。W社がKPI監査を受け入れた背景については後述するが、さまざまな経営行動を数値化してモニタリングするKPI監査は、これからの中小企業経営をサポートする者にとって必須のノウハウであると確信している。KPI監査をしなければ、経営計画の効果は半減すると言っても過言ではないであろう。

2 KPI 監査の理論と実務

KPI 監査を推奨していると、コンサルタントや税理士からこんな質問がくる。

「KGI（重要目標達成指数）と KSF（重要成功要因）、KPI（重要業績指標）の関係が、いまいち理解しにくい。どう考えて、それぞれを紐づけしていけばいいのか？」

ここで誤解が生まれるのは、指標設定について Web 上の情報が錯綜して、「何が正しいのか不明」だからだ。

そこで、中小企業に KPI 監査をすすめるうえで KGI、KSF、KPI の関係とその内容についてポイントを解説する。

(1) KGI（重要到達目標）は売上・利益ではない

KGI に売上や利益、または部門利益などを入れてしまうケースがある。そうすると、KSF（重要成功要因）も KPI（重要業績指標）も抽象的な戦略や指標になってしまう。

KSF と KPI が抽象的で数値対策のイメージが湧かないと、モニタリングをしたとき、議論が総花的になってしまうのを防ぐためにも、KGI を掘り下げることが必要である。

KGI はあくまでも目標売上・目標利益につながるものにしなければならない。したがって、例えば「売上 5 億円、経常利益 1,000 万円」の経営計画なら、

- 「売上 5 億円、経常利益 1,000 万円」を実現するために重要な「営業 KGI」は何か —— 例えば、A 商品のシェアやインストアカバレッジ、代理店網羅数、新規取引先数、マーケットチャネル別の顧客リスト数など、売上に直結する事項が「営業 KGI」になる。

- 「売上 5 億円、経常利益 1,000 万円」を実現するために重要な「製造 KGI」は何か —— 例えば、外注に出している業務の内製化率やリードタイム短縮時間、価格アップ商品の付加価値と販売数、使用原材料の変更割合増加によ

る粗利改善、時間外業務削減数や労務費圧縮など、粗利確保につながるものが「製造KGI」になる。

このようにKGI自体を具体的にしたほうがKSFを出しやすくなる。

(2) KSF（重要成功要因）は「クロスSWOT分析」「業績の公式」および「ボトルネック」から生まれる

KGIを実現するためにKSFを掘り下げるには、「クロスSWOT分析の積極戦略」から生まれるケースと、「業績の公式」から生まれるケース、「ボトルネック」から生まれるケースがある。それぞれ、議論の仕方が異なる。

クロスSWOT分析の場合は、自社の「具体的な強み」から「ニッチな市場などの機会」を掘り下げ、その掛け合わせから生まれる独自の「積極戦略」をKSFにする。

例えば「営業KGI」が「A商品のB地域での取引先数200社」とした場合、自社の「強み」と、このA商品に関連すること、購入する顧客、市場においてどんなニッチニーズがあるかを議論する。その掛け合わせである「積極戦略」にはどんなプロモーションや仕掛け、営業展開がよいか、それらをKSFとして具体化する。

これらの詳細なアプローチをするなら、バランス・スコアカード（BSC）手法が一般的である。

バランス・スコアカードは、1990年代初頭に米国で開発された経営管理手法である。その大きな特徴は、従来は財務計数で分析されることが多かった業績評価に対し、戦略目標を4つの視点で捉えて評価することである。その4つの視点は次のとおりである。

● 財務の視点
● 顧客の視点
● 内部プロセスの視点
● 学習と成長の視点

2つめの「業績の公式」は、この業界・業種なら、どのような掛け算で売上ができているのか、業界共通の慣習から設定していく方法である。

例えば、小売業の「売上の公式」は以下のとおりである。

売上 ＝ 単価 × 総購入数

　購入顧客をさらに詳細化したり（来店率、販促、リストフォローなど）、単価も主力商品、補完商品、アップセル、クロスセルなどの詳細な内容に掘り下げることで下記のように細分化できる。

①売上＝顧客単価 × 客数
②商品別売上＝単価 × 商品別販売個数
③客数＝来店者数 × 買い上げ率
④来店者数＝チラシ枚数 × ポストイン枚数 ×DM 発送数＋キャンペーン案内リスト数
⑤買い上げ率＝よい接客 × 販促 POP× 目玉商品 × お値頃感 × 特典

「利益の公式」も「粗利の公式」と「営業利益の公式」に分けられる。
「粗利の公式」＝ 売上 − 仕入額（仕入原価または製造原価）

①原材料率の低減＝ムダ資材の撲滅（端材数量）＋部材仕様統一量＋相見積もり実施数＋設計変更数＋ VE 数　等々
②労務費の低減＝部署別残業平準化率＋正味作業時間率＋多能化スキルマップ平均率　等々
③外注費の低減＝内作率増加＋外注先作業指導時間＋外注先からの作業効率化提案数＋購入品切り替え率　等々

「営業利益の公式 ＝ 粗利 − 販売費および一般管理費

①適正人件費＝ムダ残業の是正＋残業平準化＋多能職のスキルアップ＋非正規雇用教育　等々
②効率的販促費・広告費＝広告費用対反響＋ CV（コンバージョン率）＋イベントコストと集客　等々
③効果的旅費交通費・接待費＝旅費交通費対新規面談数＋接待交際費対新規紹介件数　等々

これら業界固有の「業績の公式」はどの業界にも存在し、多くの経営者・幹部が肌感覚でわかっているので詳細に聴き出していき、それをベースにKSFを設定していく。

　「業績の公式」でKSFを設定すると、同じ業種の企業なら同じような「公式」になり、KPIの数値目標だけが違うことになる。

　3つめは「ボトルネックの課題に対して重点対策」から入るケースである。

　一般的にKSFを作成するときに、ボトルネックや問題点の解決から入るケースが多い。だが、ボトルネックは「苦手な課題」「もともとの弱みが原因」などであるので、即効性が難しい場合が多い。

　それでも「ボトルネック」から入るケースとして

- 下請け比重が高く、自前の戦略が打ち出しにくい
- 自社開発、自社での顧客開拓、顧客管理ができない

などのケースがある。主に製造業に多くなるが、その場合はボトルネックからKSFを設定することがある。後述する印刷会社のKPI監査事例は、このボトルネックからのKSF設定に近い。

（3）KPI（重要業績指標）はKSFの行動プロセスを指標化したもの

　「クロスSWOT分析から出したKSF」「業績の公式から出したKSF」などから、それらの行動プロセスで数値化できるものをKPIに設定する。

　KSFは具体的な戦略行動になっているので、その戦略行動が確実に前進するためには「特定行動プロセスの数値目標」が必要である。

　わかりやすい例として、「貯金」をKGI、KSF、KPIにして解説する。現在500万円の貯金があり、5年後までに1,000万円にしたい。この場合のKGI、KSF、KPIは次のようになる。

　5年で500万円の貯金を増やすためには「ムダを抑える」「収入を増やす」ことが挙げられる。現時点で、使いすぎているものは何か。外食と飲み会の頻度が多い、自炊ではなくコンビニやスーパーで惣菜を購入していることなどが挙げられる。また、貯金をするためには、毎月定期預金に振り替えること。これらがKGIとなる。

　このKGIを達成するために具体的に何をする必要があるか。これがKSFである。そして、このKSFを達成するために具体的にどのような行動を起こすかの指標がKPIとなる。

(4) KGI ～ KSF ～ KPI 体系図

　実際の企業の KGI ～ KSF ～ KPI 設定の体系図を 138 ～ 139 ページに掲載した。

　昨年度売上高 3 億円、経常利益 500 万円の住宅工務店が「売上高 5 億円、経常利益 3,000 万円」を達成するための KGI ～ KSF ～ KPI は以下のようになる。

　売上高および売上総利益を増加させるために必要なのは、住宅建築単価を引き上げる、高額の受注を受ける、粗利率を引き上げることで、それが KGI（重要目標達成指数）となる。

　この KGI を達成するために、以下の KSF（重要成功要因）を設定した。

- 自社の強みを全面に出した広告を出し、知名度とイメージアップを図る
- 大工が買う家を PR し、良質の家であることをイメージづけする
- インスタフォロワーの増加や CM を通じて Web 受注を増やす
- 予定工期に間に合わせるため、他の大工の確保で人手を確保する
- 施工管理技術を向上させ、工程表どおりの施工を行う

　この KSF から KPI（重要評価指数）を導き出す。大切なことは達成管理ができるように抽象的な KPI ではなく、数値目標も設定する。

- 健康素材の平屋で富裕層が最後に住む家（高級感）を押し出し、YouTube で動画を月間 10 本アップする
- ベンツ、BMW などの高級車や高級なイメージの業界と共同キャンペーンを行い、顧客リストを年間 50 名増加する
- 自社の大工に低価格にて家を提供
- 内覧会を年 3 回定期実施するとともに、大工からの紹介ももらう
- インスタフォロワー増加のため、週 3 回のインスタアップ
- メインターゲットである 30 ～ 40 代に向けた家づくりをコンセプトとしたイベント開催を年 4 回行う
- 収納アイデアカタログや子育てアイデアを記載した小冊子を年間 3 冊作成・配布
- ラジオパーソナリティとして週 1 回住宅相談コーナーの番組に出演する
- 大工の知り合いや同業者を通じて新規採用のために毎月 2 回の面談
- 事前手配・時間管理の工程表の順守率 90％を確保、工期遅れを防ぐ
- 見積精度を上げ、見積漏れによる追加工事の防止、事前価格交渉による実行予算 100％達成

KGI 〜 KSF 〜 KPI 体系図（住宅工務店）

KGI
住宅単価の高ブランド化で坪 80 万円の商品化

昨年度売上・経常利益
売上 3 億円 経常利益 500 万円

必要売上・経常利益
売上 5 億円 経常利益 3.000 万円

KGI
Web、SNS からの引き合いで 1 億円以上の受注（棟数で 3 棟）

- 必要売上・必要経常利益は借入金返済などから逆算して算出
- 必要売上・粗利益を実現するのが KGI（重要到達目標）である
- KSF はこの KGI を実現するための重要成功要因である
- KPI はその KSF のプロセスを数値目標化したものである

KGI
予定工期通りの引き渡しができれば粗利率 25%

KSF 1	KPI
知名度とイメージを上げるため、USP を広告	健康素材の平屋で富裕層が最後に住む家として、YouTube で動画を月間 10 本上げる
	ベンツ、BMWと共同キャンペーンでリストを年間 50 名増やす

KSF 2	KPI
大工が買う家を PR	自社の大工に低価格で家を提供（大工が自分で建築）
	内覧会を年 3 回定期実施（他の大工からも紹介）

KSF 1	KPI
インスタフォロワーを増やす	毎週 3 回のインスタアップ
	30 代、40 代向けの家づくり。家族づくり開催、年 4 回

KSF 2	KPI
印刷カタログ、出版、ラジオパーソナリティで露出を増やす	収納アイデアカタログ、子育てアイデアの小冊子を年間 3 冊作成
	ラジオパーソナリティとして毎週 1 回住宅相談コーナーを持つ

KSF 1	KPI
特定外注先（大工他）が仕事が忙しい。他の大工の確保で平準化	大工の知り合い、同業者の情報から、毎月 2 回の新規大工に面談
	事前の手配と時間管理の工程表の順守率が 90％以上なら工期遅れもなく、大工も安心して働ける

KSF 2	KPI
施工管理のレベルを上げる（工務担当のスキルアップ）	事前の手配と時間管理の工程表の順守率が 90％以上なら工期遅れもなく、大工も安心して働ける
	見積精度のアップで見積漏れを防止し、事前価格交渉で見積通りの実行予算 100％

（5）　KGI〜KSF〜KPI の中身をどう引き出すか

　先の貯金の KPI と比べてみるとハードルが高く感じるのではないだろうか。貯金の事例なら一般論としてわかりやすいが、企業の事例は疑問に思う部分もあるだろう。これは貯金は当たり前のこととしてわかっているが、付き合いが短い顧問先企業であったり、初めてお会いする会社であれば、業容を詳細に知らないことが多く、KGI〜KSF〜KPI の設定に戸惑い、以下のような疑問を抱いてしまい難しく考えてしまう。

- こんな KSF〜KPI のアイデアは出せない
- どうやってそんな KSF〜KPI を引き出すか
- どんな質問なら、聴き出せるのか
- どんなヒントを与えれば、聴き出せるのか

こういった考えに至るのは、会計事務所やコンサルタントがこれらすべてを作成するという意識があるからにほかならない。この問題を解消するには、経営者、経営幹部から聴き出すコーチング質問につきる。

　コンサルタントや会計事務所から「こんな KSF や KPI がいいですよ」とアドバイスすることは極力控えたい。むしろ、相手（経営者、幹部）がアイデアを出すように仕向けることである。その場合の重要な質問ワードが下記である。

- 「この KGI を実現するために、近道（即成果が出そうな対策）と思われるものを KSF として 2〜3 点挙げてください」
- 「この KGI を実現するために、時間がかかっても効果が大きい対策を 2〜3 点挙げてください」
- 「その KSF を実現するために、どんな具体的な行動が必要ですか？」
- 「KSF の実行度がわかる行動を時間、数、％、個数で目標設定するとどんな感じになりますか？」

こんな質問で深掘りしていくと、相手からいろいろ意見が出てくる。そして、その言葉に対して、「なぜそうなのか？」「もっと具体的に言うなら？」「あとから検証できる数値目標は何？」などを聴き出して、文字化していくのである。

　KGI〜KSF〜KPI はフレームを渡し「あとは自分たちで書いてください」とクライアントや顧問先に依頼しても、求める内容のものは返ってこない。

　その場で根掘り葉掘り、コーチング質問しながら聴き出し、記入していくから、「検証可能な具体的な KPI」が出てくるのだと肝に銘じる。

(6) KPI 監査の実践的進め方

　「KPI 監査」をベースにした経営計画書では、クロス SWOT 分析で KSF と KPI 設定ができている。それを整理したものが「KPI 目標設定シート」である（150 〜 151 ページ参照）。

　その KPI を監査するために、「KPI 監査シート」がある（152 〜 153 ページ参照）。このシートでの KSF や KPI は、クロス SWOT 分析の「積極戦略」で記入済みであるので、そのままリンクされている。

　そして、原則 2 か月 1 回の「KPI 監査」で、KPI をチェックし、その結果に対しての現状と次回までの対策を決めていく。

❶「KPI 監査シート」の記入事例

　シートの左端の「KSF（具体的な重要行動）」は、クロス SWOT 分析「積極戦略」の「何を（商品商材）どうしたい（KSF）」という箇所をそのまま転記している。

　その右側の「KPI 基準指標・目標指標」は、同じく積極戦略の「顧客視点 KPI」「業務プロセス KPI」をそのまま転記している。

　各 KPI に責任を持つ担当者は、経営者や議論に参加した幹部で決めていく。

　右側の欄には「各月の目標と結果、対策記入欄」がある。各月の KPI の中身を見て数値目標を判断し、実績（結果）を監査時に記入する。

　例えば、

- 年間で達成するような目標なら毎月監査しても意味がないので、「四半期ごと」か「半期」単位に分けて KPI の数値を入れる
- KPI の実施年度が翌年度なら、当該年度には書かず、翌年度から記入する
- 毎月の計画は季節変動指数や繁忙期、閑散期で変更することもある

❷直接モニタリングする場合

　コンサルタントや税理士が KPI 監査する場合、2 つのやり方がある。その 1 つは「直接モニタリング」である。

　小規模企業の場合は、「業績検討会議」をコンサルタント、税理士が主導し、自身が直接ヒアリングしながら「結果」を聴き、対策を記入する。

　進め方としては、モニターやプロジェクターを用意し、コンサルタントや税理

士がPCにあるExcelシートを投影し、そのままヒアリングしながら入力する。

司会と書記をコンサルタント、税理士が行う形は「主導的KPI監査」である。

特に「対策欄」の記入では、

- KPIを達成したら、その結果枠には例えば「緑」を、未達なら「赤」として、視覚的にわかりやすくする
- 実績が目標に行かなかった場合は、原因を具体的に箇条書きに書く
- 次回監査までに「誰が」「何を」「いつまでに」「どのようにして」「どのような行動結果」を出すかを聞き出し、箇条書きにする
- Excelの枠が多少大きくなってもよい（紙なら限界があるがExcelなら限界なし）

KPIの数にもよるが、コンサルタント、税理士主導で行う場合、最低2時間程度はしっかり議論をしたい。

❸結果のみをモニタリングする場合

企業規模が大きく、KPIも部門に分かれている場合は、コンサルタントや税理士主導ではなく、クライアント側でPDCAを回すケースもある。

この場合、クライアントが自ら行ったKPI監査シートの達成の色（緑か赤か）を見て、対策コメントを発表してもらい、それに対してコメントや課題を提案することになる。

ここでの重要な質問は「なぜ達成されたのか」「なぜ達成しなかったのか」「翌月達成するための対策と行動計画の実現性」である。特に「今月達成できなかったKPIが来月達成できる根拠の行動」はしっかり発表してもらう。

基本的に部門数とKPI数を絞り込む。

ただし、この間接的なKPI監査だけを続けると、KPI監査契約はすぐに解約されてしまう。そもそも達成管理ができるKPIを設定しているのだから、自社でもモニタリングは可能であるからだ。

そこで、間接的なKPI監査では、その後経営者と必ず個別面談を行い、各部門のKPI監査の課題や経営者の悩みについてしっかりコミュニケーションをとる必要がある。

❹何度もKPIが達成されない場合

直接的なKPI監査でも間接的なKPI監査でも、毎回のチェックで「赤（未達）が続く」場合がある。

これは KPI の行動内容が合っていないか、他の忙しい事案の影響で KPI 達成の行動ができていないかに分かれる。

そこでの判断は、

- 他の KPI は飛ばして、赤の KPI につながる行動内容を深く検討する（できない理由を塗り潰す議論をする）
- KPI 設定が現実的でないなら、設定目標を議論したうえで変更する
- 当面 KPI の行動ができないなら、保留で棚上げし、毎回の KPI 監査から外す

特に人が辞めたり業務負担が大きく変わると、KPI も変わることがある。そのあたりは当初決めた KPI に固執せず、柔軟に対応することが必要である。

❺ 10 の質問から KSF を聞き出し、KPI 設定＋ KPI 監査を進める

クロス SWOT 分析から KPI 設定につなげる流れではなく、クライアントの課題から KSF を見出し、そのまま KPI 監査に持っていくという進め方である。

経営者や幹部に対して下記の「売上の質問 5 つ」「利益の質問 5 つ」を行い、何が KSF になるかのヒントを探る。以下にそのヒントとヒントの内容をまとめているので、これに沿ってヒアリングしていく。

KSF を聞き出す 10 の質問

KSF を聞き出すヒント（売上）		ヒントの内容・聞き出すポイント
1	各商品のなかで、一番短期間で業績貢献できる商品と目標は何か	キャンペーンなどで、重点商品にして販売結果が出やすいものは何か。また、季節商品、在庫商品で値段勝負できるものを対象。値段で勝負できるなら、新規開拓に使える。
2	ボリュームゾーンの顧客（担当）をどう強化目標にしたら、3 か月で変化するか	ボリュームゾーンとは、一番売れている商品、売れている顧客層を指す。すでに売れている、認知度の高い商品や顧客に対して、どんなアプローチや提案、販促を仕掛ければ、売上増が可能かを聴き出す。
3	既存客では、どの客層、地域などを集中的に営業（目標に）すればよいか	営業地域がばらついていたり、顧客層がバラバラでも、貢献度の高い地域や顧客層がいるはずだ。そこに期間キャンペーンとして、どんな集中営業をかければ、既存客の掘り起こしが可能かを聴き出す。

4	休眠開拓やB・Cランク客へどんな商材をどのような方法でアプローチすれば可能性が広がるか	過去にお付き合いがあった顧客で、今は何らかの理由でご無沙汰している休眠客に、再アプローチするにはどんな商材でどんな売り方が妥当かを聴き出す。またB客、C客別のインサイドセールスやFAXDMなどのツールを使って、掘り起こしをするには、どんな商材がいいかを聴き出す。
5	新規開拓の成果を上げるには、どういう作戦や目標にしたらよいか	新規開拓が停滞していたら、そのうちじり貧になる。どの地域の新規を優先的に狙うか、どの業種に集中するかを決め、そこにどんな商材や売り方をすれば、新規開拓が進むかを聴き出す。
6	粗利を改善するために、どんな商品、どんな顧客に、どのように価格を変えるべきか	粗利を悪くしている製品または顧客を列挙し、それぞれの価格改善の仕方や段階的な価格変更はどうすべきか聴き出す。競合が激しく価格改善がそのまま受注ダウンになる可能性があるので、主力以外から攻めるのも一つである。
7	利益率を向上させるため、どんな原価（原材料、外注、労務費、現場経費）対策をとるか	利益率が悪い原因を原価の科目別に聴き出し、それぞれに原価率改善のアイデアを聴き出す。 ●原材料＝３社見積２社購買の徹底、原価を下げる業者交渉、ムダな原材料の発注や管理状況の徹底、生産計画と購買の調整 ●外注費＝工程表の早期化、生産管理の徹底、内製化率のバランス、外注価格の再確認、技能者の育成 ●労務費＝計画的に時間外の削減、残業時間の平準化、正味作業時間対策 ●現場経費＝水道光熱費の管理等
8	効率化、手直し、品質の改善のために、どんな対策をとれば利益率改善が進むか	時間当たり作業量、１人当たり作業量を上げるために必要な具体策を聴き出す。また、手直しや再作業が頻回している作業項目やその理由を聴き出し、そこにどんな対策を入れれば、その回数が減らせるかも聴き出す。
9	どの経費をどうコントロールすれば、コスト削減になるか	販売管理費のなかで、どの科目を管理すればコスト削減と営業利益貢献になるかを聴き出す。ただし経費の効果性と生産性とのバランスも聴き出し、単なる経費削減チェックだけにならないようにする。
10	残業、時間外勤務を減らすために、何を、どんな目標で対策すればよいか	時間外勤務削減と業務効率を上げるために必要な具体策を聴き出す。どの部門のどんな作業が時間外につながっているのか、単に人を増やせばすむことではなく、現有人員でできる対策やポイントを聴き出す。

❻課題をそのままKSFにし、KPIを設定

　聴き出した課題をKSFとKPIの設定シートへ記入する。

　このシートには、KSFの売上・利益のヒントも掲載し、前述のヒント内容を見ながら、議論して記入していく。（150〜151ページ参照）

（7） ボトルネックからの KPI 設定と KPI 監査

❶ボトルネックは生産性低下をまねく

　ボトルネックとは「全体の結果に影響するレベルの課題や要因であり、最も問題視される箇所」である。

　一般的に一番の課題だと認識している場合が多いが、本来は瓶の首が細くなっている部分を指す「bottleneck」に由来し、ワークフロー（業務の一連の流れ）のなかで、業務の停滞や生産性の低下をまねいている工程・箇所のこと。全体の工程はほぼ順調だが、どこかネック箇所がある限り、そこで工程が減速し、全体の結果に大きな悪影響を及ぼす。したがって、どの企業もボトルネックを解決すると、生産性が向上する。

　ボトルネックは前述のとおり各業務や作業のなかで、「業務の停滞遅延や低生産性をまねいている工程・箇所」を指す。そのため、ボトルネックを放置して他の対策をしても効果が限定的になり、本質的な改善にはならない。

　さらに「ボトルネック改善」のために表面的な対策を繰り返しても、その課題はすぐ再発する傾向がある。

　ボトルネックを議論すると「そんなことがボトルネックだとは知らなかった」という経営者はほとんどいない。経営者自身もうすうす気づいているし、わかっていることが多いのだ。ただ、わかっていても手を付けずにいるから問題がどんどん表面化し、業績阻害要因になっているのである。

❷ボトルネックが改善されない理由 その１

　ボトルネックが改善されない理由に、「問題の限定や固有理由の確定」が間違っている場合がある。現場を見ていない社長の場合、「社長の思い込み」と「現場の課題」とのズレとして生じる。

　「社長の思い込み」のなかには、「もっとできるはずだ」「努力が足りない」等、現場の意欲不足をボトルネックの原因にしている場合も少なくない。ところが、現場は「意欲の問題以上に物理的な課題」を指摘している。

　社長の思い込みによって、社長の指示のもと、改善を図るために各種施策や設備、人員投入しても効果が出ないことが多い。社長の思い込みが優先され、現場の課題との乖離が大きいことで、せっかくの改善アイデアや投資をしても現場が活用しないことがあるからだ。

そういったことが起こると、社長はますます現場のレベルの低さを嘆き、自分の価値観でネック改善を図ろうとし、より一層意識ギャップが拡大していく。こうなると社員や幹部クラスが「社長の方針についていけない」として退職していくことにもつながる。

❸ボトルネックが改善されない理由 その2

ボトルネックは確かに「人材レベルの低さ」が要因として挙げられることが多いだろう。しかし、人材レベルは容易に改善もできないし、「人の問題」にしている限り、物理的改善は進まない。

また、「機械稼働率が悪い」や「DXができてないから」などのボトルネックで設備投資をすれば、改善になるケースはあるが、実際にはそれでもうまくいかない場合もある。

なぜ、成果の出るボトルネック改善箇所がピンポイントでわからないのだろうか？　そこには「原因追求」の不足が根本にある。「問題 ➡ 即解決策」という浅い議論や表面的な発想のために起こるのだ。本来なら「なぜなぜ分析」を何回も行い、仮説検証を繰り返すことで「課題のピンポイント」がわかってくる。

そして、その仮説検証の結果、必要設備やDX、人材投入や教育訓練の具体的なことがわかれば、効果は必ず表れる。解決策を急ぐと、ボトルネックはいつまでも改善されないものである。

❹ボトルネックが改善されない理由 その3

3つめのボトルネックが改善されない理由は、「原因追求」でわかった課題箇所に必要なリソース（経営資源）を集中させないことである。

ある作業や工程で問題が判明し、必要教育や作業レベルを緊急で改善しなければならないとする。社長はそれを担当幹部に指示する、または何らかの研修をするかもしれない。

しかしその場合、ボトルネックが全社的にわかったわけだから、社長自ら陣頭指揮に立つなど、その改善に資金や他部門応援を投入するなど、「皆でその箇所を改善していく」という行動が必要である。

「そんなことを言っても他の部門も忙しいから、応援できない」

「お金がないから投資ができない」

「社長はそこだけを見るわけにはいかないから、現場で何とかしてほしい」

こういう言い訳がまかり通ると、ボトルネックの改善は遠のく。

若手が辞める要因になっているのは、じつは「変わらない会社に未来がない」とあきらめたときだという調査結果もある。「ボトルネック」とわかっていて行動しない会社には未来がない。

❺原因ロジックツリーで、見たくない本質をあぶり出す

　それでは、原因の追求をしていくにはどういうフレームを使って、どう検討していくべきか？

　そこでおすすめなのが、われわれもよく活用している「原因ロジックツリー」によって物理的な要素を掘り下げていくものである。いわゆる「なぜなぜ分析」を深掘りしていく技法だ。この原因分析をやっているのに効果が出ないのは「物理的な本質追求」まで掘り下げができていないからである。さらに、この本質追求は内部要因に限定しない限り意味がない。

　「外部環境が悪い」

　「近くに同業者が大きな投資をして攻勢をかけているから」

　「原料値上げがあるから」

　「競合商品が低価格で攻めているから」

　「社員が採用できない労働環境だから」

　こういうことを原因に挙げてしまうと、本質の追求ができず、「仕方ないよね」というキズのなめ合いの結果になるだけだ。

　だから、あくまでも内部要因に絞り、深掘りしていく。最低でも3段階の深掘りは必須である。感情論や概念論ではなく、物理的な要因を中心にしていく。

　これを「原因ロジックツリー」のフレーム（148〜149ページ参照）にまとめていく。このフレームに沿って、「深掘り質問」を繰り返すことで、ボトルネックの真因に近づいていく。もし、途中で感情論や概念論、人材のやる気などの会話になったら、随時修正していく。

　最終的には、フレーム一番右の「何がどうなれば、その原因が改善できるのか」のなかから、ボトルネックの具体策が見えてくる。

❻ボトルネックからのKPI設定

　ここまでボトルネックを深掘りしたら、次は、ボトルネックの解決を図る「今ある強み」を整理する。この強みを活かして、業績阻害要因を前進させるKSFを決めるためである。

　「今ある強み」と掛け合わせたものが「優先度の高いKSF」となり、その指標

がKPIになっていく。KSFが決まれば、それに沿ったKPIにつながる行動目標を決め、KPIを設定するというやり方である。

　具体的な手法として、フレームを用いてKPI設定を行う（150〜151ページ参照）。このフレームの書き方や表現は、後述する「事例解説」の項で具体的に説

ボトルネックを見出す「Whyロジックツリー」フレーム

部門	わが社が抱える収益改善のための具体的課題（…すべきなのに、何がどうできていないか、不足しているか）		なぜできていないのか？　その真因（外部要因ではなく、内部要因として具体的に記述）

※優先度の高い順に

営業部門	1	既存客の売上が毎年下がり、ピーク時から半減している	(1)	新規客の開拓を本社所在地以外でやっていないので、ジリ貧になっている
			(2)	成長している既存客の自社のシェアが低く、落ち目な既存客の比率が高い
	2	受注価格が競争で下落し、粗利益率が20％台と低迷している	(1)	商品に特徴がなく、競争になっているのに付加価値がない
			(2)	県外の業者との見積競争が激しく、長年の付き合いだからと言っても通用しない
製造・開発・設計部門	1	ベテランの従業員が定年を迎えるが、若手の技能が育っていない	(1)	若手へ具体的な技能教育を行わず、ベテラン任せのOJTのみ
			(2)	定年後も仕事をしてもらえる油断がある
	2	新商品がここ数年開発されておらず、顧客から飽きられてきている	(1)	以前のように展示会参加や業者からの提案を受けていない
			(2)	顧客のニーズを具体的に聴いていない。ニーズを言われての対応があまりできないので、聴かない傾向がある
（　　　）部門	1		(1)	
			(2)	
	2		(1)	
			(2)	

明する。

　次に、KPI監査とアクションプラン監査を行い、モニタリングした結果を記入していく（152〜153ページ参照）。アクションプラン（経過・対策）の書き方は次項の「事例解説」で具体的に説明する。

	できない理由の社内の原因は何か（固有名詞で、何が、何だから、どうできないのか）		何がどうあれば、その原因は改善できるのか？
①	皆担当を持っており、新規開拓の余力がない	❶	パートを採用し、営業後方支援をすれば新規開拓の時間がとれる
②	新規開拓するにも、開拓用の仕掛け商品がない	❷	フロントエンドの低価格商品として在庫のA商品を特別価格にて提供
①	付加価値のソフトの提供ができていない（アフター商品がない）	❶	アフターサービスパックを作成し、サブスク提案する
②	既存客を継続的にフォローできる大義名分がない（御用聞きでは他社に勝てない）	❷	部品交換やサービスメンテで定期訪問を行う
①	技能教育する時間がとれない	❶	残業代、休日出勤手当を支給し、時間外教育の実施
②	技能教育の中身や具体的な目標がない	❷	定年後の若手教育へのインセンティブ手当を導入
①	こちらから探しにいく行動がない（担当者が不明確）	❶	営業部で年間の展示会イベント参加の計画書を作成する
②	顧客調査の方法がわからない（以前行ったときは効果がなかった）	❷	顧客調査の仕方をコンサルから習い、サンプリングを行う
①		❶	
②		❷	
①		❶	
②		❷	

KPI 目標設定シート

部門名	KGI（重要到達目標）部門目標		要素	業績阻害要因（優先問題点・ボトルネック）
			顧客	
			商品	
			仕組み	
			企画	

部門名	KGI（重要到達目標）部門目標		要素	業績阻害要因（優先問題点・ボトルネック）
			顧客	
			商品	
			仕組み	
			企画	

部門名	KGI（重要到達目標）部門目標		要素	業績阻害要因（優先問題点・ボトルネック）
			顧客	
			商品	
			仕組み	
			企画	

もっと活かすべき「強み」	重要成功要因（KSF）…… KGI を決める具体的な行動要素		KPI（KSF の行動指標化）	KPI 基準指標・ 目標指標

もっと活かすべき「強み」	重要成功要因（KSF）…… KGI を決める具体的な行動要素		KPI（KSF の行動指標化）	KPI 基準指標・ 目標指標

もっと活かすべき「強み」	重要成功要因（KSF）…… KGI を決める具体的な行動要素		KPI（KSF の行動指標化）	KPI 基準指標・ 目標指標

KPI 監査シート

部門名	KSF（具体的な重要行動）	KPI 基準指標・目標指標	KEY 行動と行動プロセス

部門名	KSF（具体的な重要行動）	KPI 基準指標・目標指標	KEY 行動と行動プロセス

部門名	KSF（具体的な重要行動）	KPI 基準指標・目標指標	KEY 行動と行動プロセス

○○○○年4月～○○○○年5月			○○○○年6月～○○○○年7月			○○○○年8月～○○○○年9月		
目標	結果	経過・対策	目標	結果	経過・対策	目標	結果	経過・対策

○○○○年4月～○○○○年5月			○○○○年6月～○○○○年7月			○○○○年8月～○○○○年9月		
目標	結果	経過・対策	目標	結果	経過・対策	目標	結果	経過・対策

○○○○年4月～○○○○年5月			○○○○年6月～○○○○年7月			○○○○年8月～○○○○年9月		
目標	結果	経過・対策	目標	結果	経過・対策	目標	結果	経過・対策

KPI 監査：事例解説
〈鉄鋼加工業〉

《当該企業の概要》

　W 社は創業 50 年の歴史を誇り、関西で鉄鋼加工業を営む法人として確固たる地位を築いてきた。現在の売上は 8.5 億円、社員数は 25 名。

　W 社は安定した業績と共に、弊社との顧問契約を通じて毎月の業績報告および決算時の予測を行ってきた。この定期的な報告と意識的な決算着地を確認する会議により、双方が業績の推移を把握し、代表者との信頼関係を築いてきた。

（1）当該企業の経営目標および課題

　月々のかかわりのなかで、W 社の目指す目標、課題について共有している。その内容が以下である。

❶目指す経営目標

- 5 年後までに売上高 25 億円 / 経常利益 1 億 2,500 万円（経常利益率 5％）
- 自己資本比率 40％
- 実質無借金経営（現預金＞借入金）の状態にする
- 従業員数 50 人
- 幹部参加型の計画立案会議の実施

❷課題

目指す目標を達成するにあたり、以下の取り組むべき課題が存在する。

- 1 人当たりの生産性を上げるために、各人の仕事能力を把握し、適材適所の配置にする
- お客様への対応力、コミュニケーション力を上げることで受注を促進する

- 現顧客にもっと取引を増やす浸透戦略をとりつつ、製品や人材のクオリティの向上を図る
- 付加価値を上げるために自社加工を増やす ➡ 加工分野の確立
- 新規技術を獲得する（現状できていない技術への取り組み、研修などへ参加）
- 協力業者を巻き込んで受注量を増やす
- メーカー、商社とジョイントした製品の販売を行う（既存客以外への販売）
- 幹部育成のための5か年計画の策定と実行

❸目指す目標を達成するための当期目標と行動目標

> 売上高10億円 / 経常利益1,000万円

行動目標
- 人材育成を行い、自分たちで最低限のやるべきことを理解してレスポンスを上げることにより時間短縮を図る
- 後継者が数字を読めるようになり、月間売上、仕入、利益の把握まではできるようにする
- 担当を決めて自主的に主要課題の行動をする
- 注文の種類ごと（定尺、切断、残とも、加工）の利益把握をする
- 機械ごとの利益把握をする ➡ 今後導入増設する機械の選定につなげる
- 時間管理（正味作業時間）の徹底
- 外注加工先に依頼している加工費の把握 ➡ 自社で加工可能な幅を広げる
- 1人当たり生産性の向上（現場を巻き込んで取り組む）
- 担当得意先ごとの把握（仕事量、受注先、困りごと等）
- 全員参加型経営で数字データを中心にした営業会議を実施する
- 毎月の営業会議のなかでPDCAを回す
- 現場担当者会議に後継者も参加し、その場で改善方針や具体策を決める
- 加工者の技術向上を図る

（2） KPI監査を受け入れた背景

　自社が目指すべき姿は明確であり、行動目標も立てているが、最近では業績の悪化が懸念されること、思うように行動目標が達成できないことなどの課題があった。この状況に鑑み、経営状況をより深く理解し、課題を解決するためにKPI

監査を提案した。

もともと MAS 監査を行っていたが、従来の進め方が「方針管理」「人材問題」「仕組みの問題」などの「アクションプラン」に忙殺され、「業績直結型の MAS 監査」にまで手が回らない状態だった。

新たな MAS 監査で「業績直結型の介入」の必要性を担当者として痛感していた。そこで「KPI 監査」の内容を後継者に提案したところ、「数字で経営改善する考え方」に共感され、KPI 監査を行うこととなった。

(3) ボトルネック型 KPI を見出したドキュメント

W 社は下請け比重が高く、独自商品の開発や独自戦略の打ち出しが難しい業態であったことから、ボトルネック型 KPI を用いて KSF の設定を行うこととした。以下、実際の手順を記載していく。

❶部門単位で KGI の確認

W 社は加工業であるという特性から「製造部門」「営業部門」に絞り、各部門の KGI を設定した。

製造部門の KGI は、

● 各工作機械の稼働率の向上

● サイズ間違い・切り間違い・本数間違いによる原価アップを防ぐ

の2つであった。稼働率に関して、従前からその意識を持っておらず、詳細なデータの準備ができなかったことから、具体的な数字の KGI 設定ではなく、言葉目標だけにとどめた。

また、営業部門の KGI は

● 新規の紹介先を増やし、新規の売上拡大

● 現在直切りしか受けていない切断加工をその他加工（斜め切り）の仕事も受注できるよう既存顧客に営業する

の2つである。本来は「○件の新規開拓」という KGI を設定したいところではあるが、こちらから営業して受注するというよりも「顧客からの注文待ち」の業界であるため、この表現にとどめている。

❷経営要素別の業績阻害要因とボトルネック

次に「業績阻害要因」、つまり優先課題とボトルネックの聴き出しである。経

営の要素は「顧客」「商品」「仕組み」「企画」の4つであり、各フレームごとにヒアリングして項目を埋めていく。

製造部門では、主に「商品」である機械の問題を取り上げた。また、受注する作業次第で付加価値が変わることは「仕組み」に記載した。

商品：切り替え時に発生するチョコ停：製造プロセスにおいて、異なる品種の商品に切り替える際に生じる停滞時間が懸念されている。これにより、生産効率が低下し、生産ライン全体のスムーズな動作が阻害されている。切り替えプロセスの最適化や効率向上策の検討が必要である。

切り替え時の待ち時間：商品切り替えの際に発生する待ち時間が課題とされている。この待ち時間を最小限に抑えるための工夫や生産スケジュールの最適化が求められる。

顧客：運送業における2024年問題による物流費高騰の懸念がある。この課題に対処するために、物流戦略の見直しや運送コストの削減策を検討する必要がある。

仕組み：大型工作機の受注頻度と占拠：大型工作機は、受注頻度が低いにもかかわらずフロアを占拠していることが課題だった。これにより、効率の低下が発生した。大型工作機の利用計画や必要に応じたリソースの最適配置が求められた。

小型工作機と熟練者の問題：小型工作機は熟練者がおり、効率的に稼働できる一方で、大型工作機は限られた幹部しか使えず、効率が悪いという状況になっている。角度切り機械の導入により付加価値を高めることで改善が可能である。

企画：利益率の高い日々の受注業務のニーズがあるのに、現在のフロアでは他の機械に占有され作業ができないことが挙げられた。

営業部門では以下の事項が挙げられた。

商品：現場での高い加工品質を営業が把握しておらず、顧客に提案できていないことが課題である。これに対処するため、製造部と営業部のコミュニケーションの向上や品質情報の共有プロセスの整備が必要である。

顧客：営業部の不在、後継者のトップセールス依存、直切りしか受注しておらず、その他加工（斜め切り）ができる製造チームがあれば、もっと受注の幅が広がる可能性が高い。

仕組み：「営業数値目標がないこと」や「営業責任者の営業意欲の低さ」が問題である。明確な数値目標の設定や営業活動の意義を理解し、促進するための戦略の策定が必要である。

企画：具体的な数値目標（顧客別受注目標、新規開拓目標等）を決めていない。また組織としての行動や職務の在り方などの理解が不足していることが課題である。数値目標の設定や組織理解を促進するトレーニングプログラムや情報共有の仕組みを導入することが求められる。

　個人商店の延長のような組織形態となっているので、部門間連携や役割分担と効率向上のプロセス改善が必要である。

　ボトルネックの聴き出しで大事なことは、「ヒトがいない」「やる気がない」「ベテランが若手に教えない」といった「属人的な課題」はいったん無視することである。属人的な課題はどれだ聴き取りを行っても解決せず、固有の具体策がどうしても「マネジメントや管理的な具体策」に行きついてしまう。そこで、ファクトファインディング（事実だけの発掘）に絞って聴き出しを行う。これがKPI設定のコツである。

　これらを深掘り整理しつつ、その議論の過程で次の「もっと活かすべき強み」の聴き出しに入る。

❸経営要素別に「もっと活かすべき強み」の整理

　「もっと活かすべき強み」とは、各経営要素のなかの「ボトルネック」と一緒に存在している「強み」のことである。多くの場合、ボトルネックとその要因ばかりを聴き出すと少し雰囲気が暗くなる。しかし、ボトルネックは必ず「強み」と同居しており、そのつど聴き出しを行うことで議論が深くなる。

　製造部門では以下の「強み」が挙がった。

- 小型機の加工は皆が慣れており、ミスも少なく高品質で利益率が高い
- 当日依頼の特急業務でも対応が可能で、それが顧客から評価されている
- 運送業者を使わず、自社便を持っているので直納が可能である

　同様に営業部門では以下の「強み」が挙げられた。

- 金属加工業では珍しく、フロントや事務に女性社員が多く、また社員の半分近くが女性であることから、細かな気配りができるスタッフが多い
- 専務がホームページ作成やコピーライティングが得意である
- 内勤チームが、事務員であるという意識だけでなく、「会社をよくするために自分にできることは積極的に取り組みたい」という内勤販売チームとしての意識を持って仕事をしてくれている

クロスSWOT分析でも使う手法であるが、「なぜその強みがあるのか」をしっかり聴き出すことで、ボトルネック解決の糸口やこの後のKSFにつながりやすくなる。

　「強み」では、相手が概念論を言った場合にそれは記載せずに、その効果や背景となる出来事を聴き出し、ファクトファインディングにつなげていく。ここでも大事なことはファクトファインディングである。

❹「ボトルネック」と「強み」の掛け算でKSFの設定

　ボトルネックと強みを整理した後、KSFの作成へと誘導していく。ここで大事なことはボトルネックだけを解決しても、経営者に自信は生まれないということである。なぜなら、ボトルネックはKPI監査をしなくとも、もともとわかっているからだ。しかし、「もっと活かすべき強み」を使いながらボトルネックを解決しようとすることで、経営者に新たな気づきが生まれる。「ボトルネック」と「強み」の掛け算である。

　次に具体的にKSFの作成に入っていく。

　まず製造部門のKSFは次のようになった。

　「商品」では、大型機の利益率、利益額と小型機の利益率、利益額を比較検討し、収益貢献の高い機械への入れ替えを検討する。

　「顧客」では、物流経費が上がる2024年問題時に自社便を持っていることをPRし、運送費コストの価格転嫁をしないことで「お得感」を出し、営業受注や開拓が可能。

　「仕組み」では、大型機械を撤去した場合、自社が得意とする小型切断機を1Fに増設することで収益改善を図ることができる。また、自社で在庫を持つことで「架け替え作業」が不要となり、価格勝負可能な商品もできる。

　「企画」では、当日依頼の特急業務が通常と同じ価格で受注しているので、「受注時間帯別価格」の提示で、自社の負担と顧客の困り度合いをバランスよく価格に反映することなどが具体的なKSFとなった。

　このとき、経営者も後継者も「このやり方なら今より必ず収益改善が可能である」と自信を持ったようである。これがボトルネックと強みの掛け算である。

　これらはわれわれのアイデアではなく、多様な質問をしていく過程で潜在的に経営者、後継者が常日頃感じていることだった。多少、他業界のヒントを与えることはあるが、あくまでも本人の気づきから生まれたものである。

営業部門の KSF では以下の事項が挙げられた。

「商品」では、自社ができることや自社の高品質加工を外部へ発信・情報提供する。

「顧客」では、フロントスタッフが内勤しながら渉外として既存顧客回りをすること、当日発注の「顧客あるある」を助けるコンテンツと動画を掲載し、メルマガにて発信する。

「仕組み」では、「営業部」を設立し、営業部と内勤販売チームとで合同会議を行うこと、営業と内勤を兼務している C 氏を営業部に移籍させ、営業力の強化を図る。

「企画」では、前述したように加工技術は高品質なものを提供できていることから、既存顧客からの信頼が厚く、内勤しながらのインサイドセールスにより追加の仕事を内勤販売チームが受注することが可能である。

　いずれも同様に経営者・後継者とのやり取り、質問の深掘りにより生まれたアイデアである。経営者・後継者自身がアイデアを出したことにより、この KSF をベースに KPI の設定が可能となった。

（4）　KSF から行動プロセスを分解し、KPI を設定する

　KSF が決まれば次は KPI 設定へと移る。ここで大事なのは KSF の段階別の行動プロセスを先に確認し、その行動プロセスを指標化することである。そのため、質問のイメージでは「その KSF を実行するには、第1段階として何をどうするか、すぐできないのであれば、どんな準備や仕掛けが必要か」を聴き出す。

　製造の KSF では、

- 大型機を撤去し小型機を増設するのであれば、どの小型機がよいかを決めなければならない。であれば、顧客のニーズ調査を行い、細かな聴き出しが必要となる。
- 当日受注が多い2〜3社に時間帯別価格表を作成するため、急な発注が生まれる顧客側の理由を把握し、10社の聴き取り調査を行う。
- 既存の2〜3社以外の当日受注可能性のある新規顧客を開拓、「10社／年」を達成するため、新規先に毎月10件 FAXDM を実施。

などの KPI 設定を行った。

KPI設定のコツは、「いきなりそんな結果が出ないであろう」「そのためにはどんな段取り、順番で準備するか」などを考え、ヒアリングすることである。

そうして、経営者が考えた「じゃあ○○すべきですね」という答えに対し、

「それをするには、何がないとスムーズに進まないか？」

「それは実際に今の体制でできるのか？」

「とりあえず始めるとしたら何から手をつけるか？」

という質問を繰り返していく。

そうすると、経営者から行動可能なプロセスを引き出すことができるのである。

このようにKPI設定を段階別の固有名詞に沿って引き出すことで、経営者の考えが言葉と指標になって「言語化」されていく。しかもすべてファクトファインディングにて行う。

KSF、KPI設定が概念的・管理的になってしまうのは、このファクトファインディングが弱いから起こる。KPIのフレームは今回利用したフレームでなくてもよい。最も大切なことは「KPIヒアリングメソッド」である。

こうして完成したKPI目標設定シートおよびKPI監査シートが以下のものである。（162〜165ページ参照）

KPI 目標設定シート

部門名	KGI（重要到達目標）部門目標		要素	業績阻害要因 （優先問題点・ボトルネック）	もっと活かすべき「強み」
製造	機械の稼働率を上げる	→	顧客	● 2024年問題で物流費が高騰	● 自社便があるので、他社の運送料ほど値上げしなくてもできる
			商品	● 多品種の切断の切り替え時の機械のチョコ停が頻発 ● 切り替え時に、資材移動の待ち時間が少しでも減れば、正味作業時間が増える	● 大型切断機を持っている会社は少ないが、収益貢献が低い ➡ 大型機をやめることでその場所の有効利用が可能
	サイズ間違い、切り間違い、本数間違いによる原価アップを防ぐ		仕組み	● 受注頻度の少ない千型切断機が1Fにあることで、2Fの小型機の切断機を1Fに移せば、効率的 ● 大型機の代わりに角度切り機械で付加価値が上がる	● 小型機の切断の技術があり、利益を確保している
			企画	● 利益率の高い日の受注業務が現在の2Fでは作業ができない➡尼崎に移せば可能	● 当日受注でも特急品の切断ができる

部門名	KGI（重要到達目標）部門目標		要素	業績阻害要因 （優先問題点・ボトルネック）	もっと活かすべき「強み」
営業・内勤販売	新規の紹介先を増やし、新規の売上拡大	→	顧客	● 営業部未設立のため顧客フォローができない ● その他加工（斜め切り）ができる製造チームがいない	● フロントが全員若い女性
			商品	● 自社の加工品質に自信を持っているが、共有しきれていない	● Webのイメージやコピーライティングが得意（専務）
	現在、直切りしか受けていない切断加工をその他加工（斜め切り）の仕事も受注できるよう既存顧客に営業する		仕組み	● 営業数値目標が未設定。顧客訪問時に訪問した社員が一応伝えていたという程度の営業 ● 5W2Hができていない。そもそもそういう認識を持っていない	● 事務員という感覚を持っておらず、積極的に会社をよくしたい、自分にできることはしたい ● 内勤販売チームとしての意識は持っている
			企画	● 具体的数値目標がなく、到達できたらよい程度の意識しか持っていない ● 幹部候補社員が組織に属したことがない、または組織から離脱した人が多く、組織化できておらず、個人商店の延長になっている	● 営業に経費をかけずとも既存顧客からのリピートが多い

会社名	W 社		作成者	専務
作成日	○○○○ / ○ / ○○			常務

重要成功要因（KSF）…… KGI を決める具体的な行動要素	KPI（KSF の行動指標化）	KPI 基準指標・目標指標
●運送費用が少ないことを PR して、他社よりお得感を出し、値上げにも対処	●運送費上昇ほどには上げない値上交渉（2024 年から都度）	2024 年 1 月から都度 今月○件交渉済
●大型機の利益率が小型機と比較して、どれだけ高いかの確認 ●大型機の稼働率改善のために、追加で受注がとれないのかの確認により、大型機と小型機の入れ替えを検討する ➡大型機撤退と顧客への代替業者紹介	●大型機の売上を追加でいくら獲得できるかの把握および、小型機を入れた場合との利益比較を行い、大型機の撤去の要否の判断を行う ➡大型機撤退にともなう顧客のダメージ調査と取引削減リスクの回避（他の業務も併せて取引削減されないかどうか）大型作業ができる代替業者紹介率 100％	①どれだけ売上を獲得できるかの把握 ➡ 2024 年 3 月末 ②撤去の要否の判断 ➡ 2024 年
●大型機を撤去のうえ、2 F の得意な小型切型を 1F に増設すると収益改善 ●在庫品で架け換え作業のないロットのある「価格勝負」できる仕事をする	●大型機を小型機に換えた場合、どの機械、どの加工機を 1F に設置するか、顧客ニーズ調査＝10 件聞き取り	2024 年 12 月までに毎月 10 件の調査
●当日受注の時間帯別の価格の提示で、利益率を上げる	●当日受注の 2～3 社の時間帯別価格表の作成 ●急な発注が生まれる顧客側の理由調査＝ 10 社聞き取り ●他の当日受注可能性のある新規顧客を開拓＝ 10 社 / 年するため、新規先に毎月 10 件に FAXDM 送付	●当日受注の 2～3 社の時間帯別価格表を出し、100％受諾させる ●将来は新規先に毎月 20 件

重要成功要因（KSF）…… KGI を決める具体的な行動要素	KPI（KSF の行動指標化）	KPI 基準指標・目標指標
●フロント女性が内勤しながら、渉外の既存顧客回りをする ●当日発注の「顧客あるある」を助けるコンテンツと動画を掲載➡都度メルマガで送信	●ホームページに「顧客の困ったあるある事例」をブログ掲載とメルマガ発信（週 1 回）	週 1 回のブログ
●自社ができることを外部へ発信する情報を提供する	●フロント女性を「メタルガール」と称して、社内情報をインスタにアップ（小さな現場努力をインタビューして写真掲載）＝週 1 回	週 1 回のインタビューと SNS 発信
●営業会議を行う。営業部、内勤販売チームとで会議を行う。C 氏は現在営業と内勤を兼務しているが、営業専門にシフトすることで営業力の強化を図る	●D 営業部長（過去大きな会社にいたので組織運営は理解している）、B 氏（内勤業務兼任）、C 氏（今後シフト）、D 氏の営業チームの営業会議に内勤販売チームも参加する ●一部の人員で行っていた打ち合わせを、2 か月に 1 度、製造部門と営業部門の合同会議に変更する	①毎月の営業会議の開催 ②2 か月に 1 度の合同会議の開催（偶数月）
●既存顧客からの信頼は厚く、内勤しながらであっても既存顧客から追加で仕事をとりやすいことから、インサイドセールスを行うことで受注を増加させる	●具体的にどこに何を売り込むかの目標数値の設定、責任の所在が不明確。組織図を作成し責任の所在を明確にする	目標設定は毎月の営業会議で行う 組織図は 2023 年 1 月末

KPI 監査シート

部門名	KSF（具体的な重要行動）	KPI 基準指標・目標指標	KEY 行動と行動プロセス
製造	●運送費上昇ほど上げない値上交渉（2024年から都度）	2024年1月から都度 今月〇件交渉済	●直納の運送費コストを運送会社を使った場合と、自社便の場合での比較で出す
	●大型機の売上を追加でいくら獲得できるかの把握、および小型機を入れた場合との利益比較を行い、大型機の撤去の要否の判断をする ➡大型機撤退にともなう顧客のダメージ調査と取引削減リスクの回避（他の業務も併せて取引削減されないかどうか）。大型作業ができる代替業者紹介率100%	①どれだけ売上を獲得できるかの把握 ➡2024年3月末 ②撤去の要否の判断 ➡2024年	●大型機械の切断加工の需要の把握
	●大型機を小型機に換えた場合、どの機械、どの加工機を1Fに設置するか、顧客ニーズ調査＝10件聞き取り	2024年12月までに毎月10件の調査	●小型ニーズ調査を常務と営業部長が直接ヒアリング ●小型機械の探索と発注、撤去設置
	●当日受注の2～3社の時間帯別価格表の作成 ●急な発注が生まれる顧客側の理由調査＝10社聞き取り	●当日受注の2～3社の時間帯別価格表を出し、100%受諾させる	●急な発注が生まれる顧客側の理由調査＝10社聞き取り
	●他の当日受注可能性のある新規顧客を開拓(10社/年)するために、新規先に毎月10件にFAXDM送付	●将来は新規先に毎月20件	●メタルガールのインサイドセールスで新規先にDMやFAXを発送

部門名	KSF（具体的な重要行動）	KPI 基準指標・目標指標	KEY 行動と行動プロセス
営業・内勤販売	●ホームページに「顧客の困った　あるある事例」をブログ掲載とメルマガ発信（週1回）	週1回のブログ	●「困ったあるある」を収集 ●専務が記事を面白おかしく記載
	●フロント女性を「メタルガール」と称して社内情報をインスタにアップ（小さな現場努力をインタビューして写真掲載）＝週1回	週1回のインタビューとSNS発信	●6か月のインタビュー記事計画作成 ●担当月と役割、記載方法のフレーム作成
	●D営業部長（過去大きな会社にいたので組織運営は理解している）、B氏（内勤業務兼任）、C氏（今後シフト）、D氏の営業チームの営業会議に、内勤販売チームも参加する ●一部の人員で行っていた打ち合わせを、2か月に1度、製造部門と営業部門の合同会議に変更する	①毎月の営業会議の開催 ②2か月に一度の合同会議の開催（偶数月）	●営業会議にて売上目標の設定 ●合同会議にて加工余力の確認
	●具体的にどこに何を売り込むかの目標数値の設定、責任の所在が不明確。組織図を作成し、責任の所在を明確にする	目標設定は毎月の営業会議にて行う 組織図は2023年1月末	●組織図にて責任の所在の明確化と権限委譲

10月～11月			12月～1月			2月～3月		
目標	結果	経過・対策	目標	結果	経過・対策	目標	結果	経過・対策
A社 B社 C社	A社→○ B社→× C社→○	今月訪問した3社に対して交渉済。B社自社便配送を検討しているとのことで、B社の自社便配送とコスト比較ができず交渉は未済。次回訪問までに比較検討資料を作成する	D社 E社	D社→ E社→		F社 G社 H社	F社→ G社→ H社→	
10	9	9社からの聞き取りの結果は別紙。平均すると大型機械の需要はそれほど多くない。 D社からの受注は増加可能。明確なことは言えないが、おそらく3割程度の増加は見込める。➡ただしメンテナンスが必要。費用は確認中	10			10		
10	8	小型機械のニーズはまだまだ多い。8社中6社は増加が見込める。2社目標がクリアできなかったのは時間不足。営業と内勤兼任のため時間確保できず	10			10		
5	5	時間帯別価格表を作成済。今まで通常価格で受けていたところからの批判を想定していたが、軽微	5			10		
5	8	毎週月曜日にDM、FAXを送るルールを決めて実施。現時点での反応はなし。ブログのURLだけでなく記事の一部抜粋などの改善をすべきか	10			10		

10月～11月			12月～1月			2月～3月		
目標	結果	経過・対策	目標	結果	経過・対策	目標	結果	経過・対策
4	3	11月2週目からのスタートであったので、3回の発信	4			8		
4	3	同上 担当月、役割、記載方法のフレームは作成完了 動画投稿検討中	4			8		
開催の有無	○	・営業チームの営業会議に内勤販売チームが参加 ・11月に製造部門と営業部門との合同会議の開催➡加工余力はありと判断 ともに○　今後も継続して会議開催が可能な状況になった	開催の有無			開催の有無		
―	―	内勤と営業を兼務していたM氏を営業専任へとシフトした。これにともない誰を誰の指揮下に置くかを明確にした。どこまでの権限移譲を行うか検討中の段階	組織図完成					

（5）KPI監査時の経営者の反応

　KPI監査におけるW社の最大の気づきは「機械の稼働率の最適化のために大型機械の入れ替えの検討を行うこと」ができたことであろう。この大型機械は「同業者でも持っている会社が少ない」「働く社員にとっていずれこの機械を扱えるようになりたいという憧れ」とも言える存在であったことから、ある種会社の顔としての価値があった。

　KPI監査前にはこの機械の入れ替えという考え方は経営者の頭の中にまったく存在せず、この検討に至った思考プロセスはまさに青天の霹靂だったようだ。

　この検討に至った経緯としては、「機械の稼働率を上げる」というKGIを定めたことに伴い、稼働率を上げる障壁となっている事象の洗い出しから始まった。

「なぜ稼働率が低いのか？」

➡多品種の材料の取り扱いがあり、材料の切り替え時にチョコ停が生じてしまう

➡切り替え時のチョコ停の原因は何か

➡機械が所狭しと並んでおり、作業スペースが狭く、うまく切り替えができないことが原因

➡作業スペースが広くとれればチョコ停が削減できるのなら、機械を減らした場合どうなるか

➡中型機械は効率的に稼働できているが、大型機械がスペースを取っている

➡大型機械の収益貢献度合いは高いのか

➡大型機械を使う加工は利益率は高いが、そもそも発注が少なく、収益貢献度は低い

➡中型機械に入れ替えた場合に収益貢献が高くなることはあるか

　こうした検討過程で、経営者に気づきが生まれたように思う。

　大型機械を撤去する意識自体が存在せず、今までそれを検討したこともないが、中型機械の扱いには習熟しており、高品質な加工ができることから、入れ替えにより収益貢献を高めることは可能かもしれないという発想が生まれた。

　W社には高品質な加工ができるという強みがあり、この強みを活かすことも可能であるし、検討の余地は大いに存在する。

　さらに、利益率が高い大型機械の受注を増加させることが可能かどうかも併せ

て検討を行った。その結果判明したことは、大型機械はかなり古い機械であり、加工精度を保つためには、大規模なメンテナンスが必要であるという結論に至った。そこで、メンテナンスに係る費用と受注可能性、入れ替えによる収益貢献度合いを並行して検討していくという結論に至った。

　この検討を行うきっかけになったのは、やはり「質問の深掘り」により経営者自身の思考として聴き出しを行った結果であろう。

　「会計事務所からの提案としての入れ替えや撤去といったアイデアであれば、自分自身が深く思考せず、こういう結論にも至らず、さらに検討さえもしなかったと思う」という経営者からの言葉が印象的であった。

　また、目標未達であることについて、責任の所在が不明確であったことから、それを明確にするため、具体的な目標と役割設定のために組織図の作成をすることとなった。組織としての行動ができていないことは気にはなっていたが、組織図の作成をずっと先送りにしてきたのが経営者の反省だった。よい機会なので、組織図の作成と権限移譲も行い、しっかり組織化を図ることとなった。

　今回のKPI監査終了時の感想としては、以下のような言葉をいただいた。
- 今回のKPI目標設定シートおよびKPI監査シートは、今日参加できなかった一般社員にも共有する。特に業績阻害要因は自社の問題点や課題が詰め込まれており、文字として「見える化」できたことで会社の進むべき未来が見えた。さらに問題点を改善・解決していく楽しみが増えた。
- 自社がどういう状態・状況なのかを知るよい機会になり、感情的にではなく、冷静なものの見方ができた。理想と現実とのギャップの見える化ができ、それをもとに皆で話し合えたことが今日の一番のよかった点だった。
- 「目指すべきところ」「目指すべきことを阻害している要因」「強みを活かしてどうやって克服するか」など、この解決策を模索するためにKPI監査を導入したいということで受け入れたが、実際どうやって進めていくのかのイメージは持っていなかった。
- 問題の深掘りによりKPI設定を行うという意味がようやく理解できた。ふだんの会議では話ができないところまで切り込んだこの時間がとても有意義だと思った。また解決策を教えてもらうのではなく、自分自身で答えまでたどり着いたことで、実際に行動を起こせる自信も持てたし、やっていけると思った。
- ふだんの会議や打ち合わせではどうしても先月の売上がいくら、粗利が何％、

今期売上・利益目標というところばかりに目がいくが、そこに至るまでの中間点にいくつも重要な目標があることがわかった。自分たちだけではたどり着けない答えが出た。

このような感想を持たれたことからも、「コンサルタントや会計事務所からこんなKSF、KPIを設定するとよいですよ」といったアドバイスは避けるべきだと考える。

経営者自身が答えにたどり着くことこそ本当に会社にとって必要なことであると言える。会社の悪いところはKPI監査を行う前から経営者はおおよそ自覚しているのだ。その解決のために自社の強みを活かして解決策を経営者自ら導き出すことで、初めて経営者に自信が生まれるのかもしれない。

（6） KPI監査後のW社の行動と成果

❶ KPI監査後の目標設定シート、監査シートの社内共有

KPI監査後、社内でKPI目標設定シートとKPI監査シートの共有が行われ、その結果、さまざまな社員からの評判が寄せられた。これらの評価のなかには、従業員たちが文字として見える化された情報を通じて、これまで感じていた抽象的な要素がより具体的になり、業務における課題や改善点が明確になったという好意的な意見が多く見られた。

社員の多くがこの共有された情報を通じて、従来の業務においてもっと意識的なアプローチをとるようになったとのことである。

❷ KPI監査シートを用いたアクションプラン監査の様子

設定した重要行動と行動プロセス、目標についての達成管理を行った。達成できなかったものに関しては、それに対する経過・対策をその場で掘り下げていく。当日の様子は以下のとおりであった。

● 直納の運送費コストを運送会社を使った場合と自社便の場合とで比較

A社、B社、C社の3社に交渉を行った。うち、B社については自社便配送を検討していたのでB社の自社便とのコスト比較が必要となり、交渉はできていない。次回訪問までにB社の自社便によるコストと値上げコストの比較検討資料を作成して再交渉を行うこととする。

● 大型機械の切断加工の需要の把握

目標10件に対して結果9件。9社から聞き取りを行った結果として、大型機械の需要はそれほど多くないことが判明した。9社のうち、もともと大型機械の切断を受注しているD社からの受注は3割程度の増加は見込めるが、この増加分の受注を行うためには大型機械のメンテナンスが必要であることが判明。メンテナンス費用と受注増加による費用対効果の検討も併せて必要となった。

● 小型ニーズ調査のヒアリングおよび小型機械の探索

小型機械のニーズはまだまだ多く、聞き取りを行った8社のうち6社は増加が見込めることがわかった。これにより、大型機械の撤去による稼働率の向上が図れれば売上増加につながることはほぼ間違いない。

なお、目標10社に対して結果8社と目標達成できなかった理由としては、営業と内勤兼任者の時間不足による。兼務しているM氏を営業専任へとシフトしたことにより、次回以降目標10件は達成できる見込みであると報告を受けている。

● 「困ったあるある」の収集と週1回のブログの更新

2023年11月2週目からスタートであったので、目標4回に対して3回の更新となり未達であったが、スタートしてから毎月更新はできているので、次回以降の目標は達成可能である。またブログを見て当日発注の問い合わせが1件来ているとのこと。なお、この件は金額の折り合いがつかず受注には至らなかった。

● 週1回のSNS発信及びインタビュー

結果は上記と同様の3回であった。社員の働く姿や小さな現場努力のインタビューは適宜行っており、SNSの評判は上々である。現在、写真のみ掲載しているが、動画掲載ができないか検討中。

● 営業会議にて売上目標設定、合同会議にて加工余力の確認

従来から行っていた営業チームの営業会議に内勤販売チームも参加することとした。11月には合同会議の実施もでき、共に目標達成ができ、また今後も継続して会議開催が可能な状況になっている。

合同会議では加工余力の検討が議題に挙がった。現時点ではまだ加工余力はある状況。並行して進めている小型ニーズ調査によるとまだまだニーズが多く受注増加は見込める。しかし、現状のままでは増加分すべてに対応するほどの余力は

ないが、仮に大型機械を撤去し、小型機械を2～3台設置することができれば、十分に対応可能であると判断する。

●組織図にて責任の所在の明確化と権限委譲

　内勤と営業を兼務していたM氏を11月から営業専任へとシフトした。これに併せて誰が誰の指揮下にあるかを明確にしたことで、営業会議での売上目標設定の達成管理が容易となった。未達原因も管理できており、組織としての運営が少しずつ進んでいると判断している。

　権限移譲について各責任者にどこまでの裁量権を与えるかは現在検討中。次回監査までに組織図の作成は可能と考えている。

　上記のとおりの報告を受けた。KPI監査での目標設定シート作成と比較して、非常にスムーズに上記の聞き取りができている。これが可能となったのは、やはりKPIが具体的であること、行動プロセスが数値化できていることで、達成状況の管理が容易であることが理由として挙げられる。

　従来から行ってきた決算時の予測はもちろん続けつつも、KPI監査の導入によって、組織全体がより一体となり、共に数字をつくり上げているという意識が一層醸成された。これは、単なる数字だけでなく、目標達成に向けた具体的な行動プロセスやKPIに対する理解が深まり、それが結果として組織全体の成果に結びついたと感じる。

　経営者と従業員という異なるポジションであるメンバーたちが、共通の目標である「会社をよりよくする」という想いを共有していることが、KPI監査を通じてより鮮明になった。この共通の志を持つことで、組織全体が協力して改善に取り組む姿勢が一段と強化され、会社の発展に向けての意欲が高まる。

　KPI監査の導入がW社によい影響を与えていることに、われわれは確信を持っている。この取り組みにより、数字だけでなく、組織の健全性や業績向上のための具体的な手段に対する理解が深まり、経営者と従業員が共に組織を向上させるために協力している様子が浮き彫りになった。

　W社の業容がよくなることは、MGS税理士法人の経営理念にも帰結する一つのカタチである。この意識と行動がクライアントと税理士法人を前進させ、協力と連帯感を強めることで、共に将来的な成果につながると確信している。

第6章

MGS戦略ノウハウ4

資金を中心に
非財産相続承継を
「見える化」

《事例：建築業・リフォーム業》

MGS 税理士法人

金川　歩

1 なぜ今、事業承継の可視化が必要なのか

　通常、税理士・税理士法人が行う経営者の事業承継相談業務や事業承継対策は、会社の株式や経営者所有の個人不動産の移転方法についての助言、株式や資産の財産移転コストとしての税金計算、または将来の相続税についての試算、納税資金対策、遺言書作成の提案のみである。

　しかし、財産の承継対策だけでは実際に経営を引き継ぐ後継者は何をどうやって事業を承継すればよいのかわからない。また経営者としては、後継者育成や事業承継をどのように行えばいいのかわからない。

　事業承継で重要なことは財産の承継対策だけではなく、「非財産承継対策」も必要である。非財産承継対策とは、経営者の創業の想いやどのような業務を引き継いでいく必要があるのかを知ることである。日々の業務はどのような業務があるのか、どのような経営戦略があり、どう経営判断をして、現在まで会社を発展させてきたのかを可視化（文書化）することである。

　MGS税理士法人では、単に税金の話だけではなく、経営者、後継者のお困りごとに丁寧に対応し、有効な承継を目標に『事業承継可視化コンサルティング』を行っている。経営者の創業の想いから現在に至るまでの経営判断の内容を深掘りしてヒアリングし、可視化していく。また、後継者にも必ず定期面談に同席してもらうことで、活きた実践的後継者教育が可能となる。

　私たちが調整役として間に入ることで親子間の感情的な問題を回避し、経営者や家族を長年、裏で支えてきた配偶者の想いにも配慮ができる。創業者の自社株式や個人所有財産の相続承継の可視化も可能となる。

　経営者の引退の時期や退職金の支給金額、引退後の報酬金額や株式の移転時期など後継者側から聴きづらいことや経営者から言いづらいことを、調整役としてお聴きし、可視化していく。MGS税理士法人の『事業承継可視化コンサルティング』の「強み」は、「創業者や現社長の準備物は一切ゼロであり、宿題もゼロ！」であることだ。そして、経営者・後継者双方から「非常にありがたかった」と感謝の言葉をいただける事業承継対策を行っていくことを目標にしている。

2 非財産相続承継 円滑推進のポイント

私たちは、次の7つの取り組みこそ、「円滑な非財産相続承継のポイント」であると考えている。

---

❶経営思想・理念の承継

❷経営判断基準の承継

❸トータル事業承継プランの整理

❹後継者時代の【次世代を担う役員幹部】の確定

❺承継後の経営戦略の確定

❻職務権限の承継

❼後継者教育

これらについて順次そのポイントを解説する。

❶経営思想・理念の承継

経営理念の承継は最も重要である。

この理念をもとに、承継前後に現経営者と後継者で再度、中身を確認し合うことが必要である。経営理念を策定していなければ、これを機会に策定していく。

何のために企業を経営するのか、会社が目指す方向は何か、会社は何のために存在しているのか、このようなことをあらためて経営者と後継者が考えることが必要だ。

もし、今の経営理念の意味が希薄になり、現社長も事業承継をきっかけに見直してもよいと言うなら、「経営理念の再構築」を行うべきだろう。

経営理念は、明文化しておくことで、判断に迷うとき、困難に陥ったときに立ち戻ることができる「経営の基軸」をつくることが可能となる。

事業承継の最初の「現社長と後継者の共同作業」という位置づけで行ってもよいだろう。その場合、経営理念の補足として追加してほしいのが「行動規範」だ。

行動規範は、経営理念の思想を遂行するために必要な「行動基準」や「やってはならないこと」「大事にすること」がより詳しく書かれた内容である。それぞれ箇条書きにして作成する。

　経営理念の再構築も行動規範も、確定したら幹部や全社員に向けて発表しよう。そして、それをカード化して常に参照し、必要に応じて内容を見直すことなども必要である。

❷経営判断基準の承継

　これまで現社長はいろいろな場面で経営判断をしてきたはずである。うまくいった判断もあれば、失敗した判断もあったであろう。

　この生きた「経営の教訓」である「経営判断基準」を学習し承継することは、大変重要なことである。

　経営者の過去の経営判断の結果を箇条書きにして、「この場合、私はこれをしなかったから失敗した。だから、○○の場合は、必ずこれを優先すべきだ」と生きた経験則を文字化することである。

　特に後継者がまだ若く、経営の実践経験がないなら、そういう「生きた判断基準」の承継こそ、一番の後継者教育になるだろう。

　私たちはこれを「創業者（前社長）の遺言　わが社の掟」と命名して、作成支援をしている。（詳細は後述）

❸トータル事業承継プランの整理

　私たちは、事業承継前から、承継後数年の会社の利益計画、借入返済計画等の資金計画、相続税対策、争族対策を作成支援していく。

　また、経営者退職金対策から、経営戦略の中期計画、後継者時代の役員幹部の役割などの組織形態等も記入し、主要項目を整理したトータル事業承継プランシートを作成支援している。

　何年後に、何をすべきか、事業承継全般が俯瞰して見られるシートであり、私たちはこれを「資金計画事業承継10か年カレンダー」と呼んでいる。この「資金計画事業承継10か年カレンダー」を作成するだけでも、経営者と後継者には非常に喜ばれる。

❹後継者時代の【次世代を担う役員幹部】の確定

　後継者の時代に「誰が補佐役か」「誰がこの部門の責任者か」「誰が取締役か」

などを、今いる人材を中心に考え、次世代の組織を構想することが重要だ。古参幹部や役員がいれば、その人の処遇も整理しておかねばならない。

次世代を担う役員幹部については、誰に何を期待するかを決めた後、段階的な役職経験も計画化する。

該当する役員候補がいなければ、外部からヘッドハントや採用する計画も考える。これは現社長の意見と後継者の意見をすり合わせしながら、具体的な人選をしていく。

現社長、後継者の意向が固まったら、早めに当該社員に今後の方向性としての打診（確約はできないが、その意思がある状態）をしていく。その結果、モチベーションアップになるか、または「その打診を重荷に感じて辞退するか」がハッキリする。

辞退されたら、また別の方法を検討していく。

非常によくないケースは、将来を期待した有能な社員にギリギリで役員登用を打診して、それを断られて、断った社員が居づらくなり退職するというケースである。タイミングを逸して、本来残るはずの有能な人材まで失う結果になるからである。

❺承継後の経営戦略の策定

事業承継の相続対策・資金対策は経営戦略と表裏一体と考え、後継者時代の経営戦略の立案支援とモニタリングを行う。

後継者時代に「利益を上げる戦略」を打ち出すには根拠が必要である。

経営戦略の立案支援は、「SWOT分析手法を使った中期計画づくり」を提案している。

SWOT分析メソッドの詳細は第3章のとおりであり、SWOT分析のフレームワークを使い、現経営者や後継者の意見をいろいろな角度から聴き出す。

そして、私たちのコーチングとファシリテーションで、経営者、後継者自ら導き出した「独自の経営戦略」をベースに、中期経営戦略を策定していく。

次にこの戦略を単年度の経営計画に落とし込み、定期的にモニタリングする。

❻現経営者時代の古参幹部の処遇

若い後継者にとって「現経営者時代の古参役員や幹部」は何かと付き合い方が難しいものである。現経営者時代には忠実な幹部でも、後継者の時代には必ずしもそうとは限らない。

実際に、

● 後継者へあからさまな反抗的態度をとる

● 後継者の新しい戦略に面従腹背して、行動に移さない

● 役職者でありながら、実務や専門的な業務しかせず、マネジメントや部下育成をしない

● 部下に仕事を押しつけて、調整や管理という実務的な貢献ができない

など、後継者時代に「お荷物」になる古参幹部がいる。

現経営者時代の年配の古参幹部は、対応方法を誤ると、組織機能が滞る事態に陥る。組織運営には、後継者時代の役員・幹部の職務責任や役職を決めることが重要である。

役職や職務責任範囲を決めて「見える化」することで、事業承継後の組織がより具体化していく。

当然、そこには現社長時代の古参幹部の職務責任や役職、処遇も含まれるので、現社長と後継者とで十分協議して決定する。

その議論過程と決定した「職務責任範囲」「役職名」を固有名詞で整理することは、事業承継後の組織を考えるうえで重要なことである。

❼後継者教育

私たちが支援する後継者育成は、「資金計画事業承継10か年カレンダー」「経営判断基準」「職務権限移譲計画」を経営者と後期者ともに同席のもと作成支援していくことである。

何年後に何をすべきか、経営者の過去の経営経験（よかったことも悪かったことも）、自身の役割等を「見える化」していくなかで、文書化し、互いに意思確認をしながら行っていくことは、後継者の役割責任の意識が高くなり、事業の承継と会社経営に対する覚悟が生まれる。それは後継者教育にも十分効果的である。

事業承継可視化コンサルティングのアウトプット

（1） 事業承継の可視化

　事業承継の可視化とは、文字どおり言葉や概念だけの事業承継に関するすべてを「文書化」「数値化」「図形化」していく作業である。

　事業承継の過程で現経営者と後継者の間に生じる不信感や誤解、そしてその結果起こる感情的な衝突は、主に「言葉の認識の違い」が原因である。

　さまざまな事業承継の意思決定を「文書化」「数値化」「図形化」することで、その「言葉の認識の違い」から生まれるズレや感情的な衝突を極限まで減らすことが「事業承継可視化」の目的である。

　MGS税理士法人が「橋渡し」「調整役」をしていく作業全体を「事業承継可視化コンサルティング」と呼んでいる。

　以下に事業承継可視化のメリットを記載する。

❶事業承継に関する現経営者、後継者の不安や曖昧な箇所を「可視化」することで、双方のベクトルを合わせることが可能

　現経営者と後継者の「言葉の認識の違い」は、曖昧な表現や抽象的な言葉が原因である。いわゆる「総論賛成、各論反対」はこの状態である。

　そこで、すべての事業承継の意思決定を「可視化」、すなわち具体的な文字化、文書化、数値化、図形化することで互いのベクトルが合いやすくなるのだ。

　現経営者と後継者の将来のベクトルさえ合っていれば、微細なことのズレは大きな問題にはならない。

❷現経営者と後継者が、共通の方針、目標、行動計画、役割責任を持つことで、すべての議論を「文書化」「数値化」「図形化」できる

　「文書化」「数値化」「図形化」することは、記憶するのではなく、記録に残る。しかも、どちらかの一方的な見解の記録ではなく、双方が議論を尽くしたうえ

での「共通認識の記録」だ。

その記録作成をリードし、目の前で文書化・数値化・図形化していくのが「事業承継可視化コンサルタント」の役割である。

❸ リアルタイムで「可視化」することで、現経営者、後継者双方が内容を理解しやすく、感覚の違いなどの誤解を防止する

事業承継可視化コンサルティングの現場では、私たちはさまざまな意思決定の課題に対してヒアリングや質問をして、現経営者や後継者の意見を聴き出す。

その意見を Word や Excel でパソコンに入力しながら、その状況はリアルタイムでモニターやプロジェクターに投影していく。

現経営者も後継者も投影された文書や言葉、数字、図形を見ながら、さらに意見を言いながら、最終的な意思決定をしていく。

単なる「言葉の掛け合い」ではなく、「文書の掛け合い」になるので、感覚の違いを防止することができる。

しかも、その文書は事業承継可視化コンサルタントである私たちが、常に5W2H を意識した具体的な表現にしていく。

❹ 現経営者と後継者の認識違いを防止でき、モニタリングしやすい

さまざまな事業承継の意思決定を「具体的な表現で可視化」していくので、「認識の違いのズレ」は極力避けることができる。

さらに意思決定の表現も5W2H で書き出すことで、仮に1年後にモニタリングしても「これは何のことだっけ？」と書いた内容がわからなくなることもない。

事業承継可視化コンサルティングでは、その後必ず「モニタリング」による進捗チェックと修正が行われるので、その5W2H の文書は有効に機能する。

❺「可視化」することで、後継者のモチベーションアップと覚悟が決まる

事業承継可視化を通じて、後継者は自分が経営権を握ったときのイメージがどんどん湧いてくるようだ。

そして当然、新たな課題も見えてくる。その課題は今、現経営者がいる間に協力してもらうものや、自身で解決するものもある。

また、〇年度までに具体的な権限移譲や役職の推移、それに伴う年収などもある程度明示されるケースもあるので、一気に覚悟が決まる。

（2） 事業承継可視化の代表的なフレームの概要と実務

事業承継可視化の代表的なフレームとしては、以下のものがある。

- ●事業承継前後の必要行動トータル計画書（資金計画事業承継 10 か年カレンダー）
- ●自社の未来を決定する SWOT 分析を活用した中期経営計画書（第 4 章で解説）
- ●役員幹部の職務責任範囲とコミットメント一覧表
- ●後継者の役割責任、職務範囲の詳細な移譲計画書
- ●現社長と一緒につくる「経営判断基準書」

これらのフレームの概要と作成実務を解説する。

❶資金計画事業承継 10 か年カレンダーの作成でロードマップの一覧化

事業承継は経営者の年齢、後継者の年齢を 10 年計画で見ることで、すべての「期限」が明確になっていく。

10 年スパンで経営の将来像を見ないと、組織づくり、資金づくり、経営戦略、設備投資、返済計画などの「ヒト・モノ・カネ」計画の大まかな予定が立たないからだ。

特に後継者は、10 年計画を見ることで、自分自身、家族の将来像と承継する会社の将来イメージが湧き、モチベーションアップが図れるようになる。

現経営者も、自分自身の将来像と後継者へ譲った後の自分のスタンスが明確になる。

その中身には下記の内容が記載される。

- ●社長・代表権交代時期、10 か年の役職変更の予定
- ●各種承継準備、退職金取得時期、必要資金計画、相続贈与計画等
- ● 10 か年の売上予測、利益予測
- ●後継者時代の商品戦略、顧客戦略、事業ドメイン等の具体的な経営戦略
- ●承継前後からの組織内役割分担明確化、後継者時代の役職、同族の責任等

**❷後継者時代の「独自の経営戦略」を立案するために SWOT 分析を使った中期
　経営戦略・計画を策定**

　事業承継に伴い、経営者の退職金やコロナショックでの政府系緊急融資の返済資金を捻出するための必要利益、また新成長戦略のための必要資金確保の「根拠となる戦略」を明確化する。

　その手法として第 3 章で解説した「クロス SWOT 分析」を活用する。

　クロス SWOT 分析の活用による「根拠ある独自戦略」を捻出することが経営計画の具体的な根拠となり、金融機関から評価されるようになる。昨今の事業性評価の融資姿勢にもプラスに作用する。

　クロス SWOT 分析で客観分析することで「思いつき」や「独善」の戦略ではなく、合理性がある戦略かどうか確認できる。

　また、どの戦略項目に重点的に投資すべきか、逆に抑える投資や費用が明確になり、経営者、後継者の頭が整理され、「何に特化すべきか」「どこから差別化するか」も明らかになる。

　クロス SWOT 分析を使った中期経営計画立案過程で自社の戦略を深く議論することで、最高の後継者教育、幹部教育となり、企業の新しい将来像、ビジョンが生まれるとともに、将来へのモチベーションが高まっていく。

❸後継者時代の会長、社長、同族、非同族役員幹部の役割責任の文書化

　一般的な中小企業では曖昧になりがちな取締役、経営幹部の職務を明文化する。

　これまで現経営者時代ではトップのリーダーシップのもと、明確なコミットメントがなく「なあなあ」で許されていても、後継者の時代はそうはいかない。

　後継者の時代は、経営幹部に対して、エモーションだけではなくロジカルな結果をより鋭く求めるはずだ。

　明文化・文書化とは、各役員や経営幹部の具体的なコミットメント（責任ある約束）をはっきりさせ、地位や立場に相応しい仕事を明らかにしていく。

　まず現社長や後継者が、各役員・経営幹部に「してほしい業務」を先に決め、それに沿って、各役員が具体的なアウトプット（コミットメント）を出してもらう。

　古参役員や新社長より年上、経験豊富な役員幹部の職務責任を明確化することで、新社長のマネジメントをしやすくし、リーダーシップを発揮する土壌をつくることが目的である。

❹経営者から後継者への職務権限移譲計画の明文化

　実際の事業承継の現場では、「名ばかり社長」「権限なき承継」「過剰な院政」などの問題は「権限の実態と役職が伴っていない状態」を指す。

　言葉だけは「お前が社長だから」と言っても、職務権限を具体的に渡さないと、後継者から後から不平不満が出てきて、現経営者との感情的なトラブルの温床になりかねない。

　また、後継者から「この権限を自分に与えてほしい」とは言いづらく、経営者も会長になったとはいえ、すべての職務権限を委譲することに抵抗感を持つ人は多いものである。

　このような経営者も後継者もなかなか話しづらいことを、私たちが橋渡し役として、「職務権限の列挙と移譲計画」の内容と年度を決めて、わかりやすく「見える化」していく。

❺最高の後継者教育　現経営者の経験、経営判断基準の具体的文書化

　最高の後継者教育とは、後継者が知らない企業の歴史を教え、経営者がその時々にどんな経営判断をしたか、なぜそう判断をしたのかを「活きたケーススタディ」として教えることだ。

　どこかの後継者研修やセミナーに参加させるだけでは後継者教育として不十分である。

　経営理念や社是はあっても、実際の経営現場での各判断とは直結していない。そこで、経営現場において経営判断の間違いを起こさない指針・行動規範が「ケース別経営判断基準」である。

　その作成方法としては、現経営者が失敗した事実とその原因と背景、また成長のきっかけをつかんだ事実とその原因と背景を、「創業時からの社歴」とともに文書化していく。

　会社沿革、ケース別の出来事と教訓、今後の経営判断基準を現経営者と後継者、そしてコーディネーターである私たち事業承継可視化コンサルタントが議論とヒアリングをしながら、文書化していく。

　私の経験上から、会社の沿革を聞きながら経営判断基準を作成していく過程で、経営者の想いが後継者に通じ、経営者の言葉が後継者の心に響くことが多い。

4 1枚ですべての承継を見える化する「資金計画事業承継10か年カレンダー」

（1）「資金計画事業承継10か年カレンダー」作成手順

　私たちが推奨している「資金計画事業承継10か年カレンダー」は、事業承継を迎えた会社のみならず、後継者候補がいる段階から必要なものだ。

　実際に私たちがどのようなヒアリングをしながら、この「資金計画事業承継10か年カレンダー」を作成しているのか、実際に「事業承継見える化」のコンサルティングを行った企業〈建築業〉の例で、そのポイントを解説する。

❶必須フォーム「資金計画事業承継10か年カレンダー」のファイルを用意

　必ずPCディスプレイかプロジェクター等を用意し、経営者、後継者はそれを見ながら議論をし、必要文言を入力する。その準備ができた段階でスタートである。

❷経営者、同族役員、キー幹部の年齢を記入する

　Excelのシートに現在年齢から10年後までの各自の年齢を入力する。この年齢を見るだけで、経営者や後継者にはいろいろな思いが生まれる。

　例えば、経営者なら、

「いつ代表権を降りようか」

「同族役員は自分が代表を降りるとき、一緒に外れてもらおうか」

「自分がいつまでもトップにいたら、後継者はやりにくいだろう」

「代表権を譲ったら、自分は何をすべきか」

「会長の仕事ってなんだろう？」

「長男を社長にしたら、次男はどうしようか」

「長男の嫁をどの段階で経営に関与させるか」　等々

　後継者は、

「現社長には会長になった後もしばらくは2人代表でないと困る」

「自分が社長になったら、同族役員や社員はどうするか」

「10年後は自分も○歳か」

「自分の代の役員は誰にするか」

「これから5年後の経営戦略はどうしたらよいか」　等々

　経営者、後継者は自分と同族の10年後の年齢を見るだけで、危機感や将来構想など、今の課題がどんどん浮き彫りになっていく。

	現在/年数	2023年(現)	2024年	2025年	2026年	2027年	2028年	2029年	2030年	2031年	2032年
役職者年齢	K会長 （創業者）	74	75	76	77	78	79	80	81	82	83
	K社長 （後継者）	44	45	46	47	48	49	50	51	52	53
	K会長夫人	70	71	72	73	74	75	76	77	78	79
	K会長長女	47	48	49	50	51	52	53	54	55	56
	K社長夫人	41	42	43	44	45	46	47	48	49	50

❸経営者、各役員、幹部の名前を入れて、役職予定をヒアリングして記入

● 社長の役職推移（代取社長、代取会長、取締役会長、会長、顧問）を入れる

● 創業経営者は、代表権がなくなると即役職を外れるという人もいるが、一般的にはそう簡単にはいかないものだ（保証人は役職に関係なく続く場合が多い）。

● 社長と一緒に退任する同族役員（社長夫人、社長子飼いの古参役員、社長の一族等）の役職推移もある程度記載する。

● 後継者の役職推移（部長、常務取締役、専務取締役、代取社長）そして、他の同族役員（後継者の兄弟、一族）、後継者時代の幹部役員の役職推移も記載する。

● 重要幹部の定年や継続雇用計画を記入。役員経験者などの定年で、技能伝承や後継役員の職務サポートが必要な場合は「1年単位の顧問契約」を記入する。

● ここでは、今後の事業戦略や担当役員などをいったん無視してまず記入する。

	現在/年数	2023年(現)	2024年	2025年	2026年	2027年	2028年	2029年	2030年	2031年	2032年
役職推移	K会長 （創業者）	代表取締役会長	代表取締役会長	代表取締役会長	会長	会長	会長	会長	会長	会長	会長
	K社長 （後継者）	代表取締役社長	代表取締役社長	代表取締役社長	代表取締役社長	代表取締役社長	代表取締役社長	代表取締役社長	代表取締役社長	代表取締役社長	代表取締役社長
	K会長夫人	取締役	取締役	取締役	取締役	取締役	取締役	取締役	取締役	取締役	取締役
	K会長長女	監査役	監査役	監査役	監査役	監査役	監査役	監査役	監査役	監査役	監査役
	K社長夫人	—	監査役	専務取締役	専務取締役	専務取締役	専務取締役	専務取締役	専務取締役	専務取締役	専務取締役

❹役員の役割責任、役員報酬予定などを記入

　役職予定、定年などをベースに、大まかな職務範囲を記載する。役員報酬の額は予定金額を記入する。

- 現社長および社長夫人、役員や主要幹部の年度別の主要役割責任を簡易記載。
- 現社長および社長夫人、役員や主要幹部の定年・退任後の基本業務を簡易記載。
- 後継者および後継者時代の役員、幹部の登用後の役職と基本業務を簡易記載。
- 役員、主要幹部の後継者になる若手幹部社員の役職登用予定と基本業務を簡易記載。
- 役員、主要幹部の後継社員が不在または抜擢するほどの人材ではない場合、「外部から採用」または「アウトソーシング」と記載し、固有名詞の記載はしない。
- 役員報酬予定額を記入。同族の家族がいる場合は慎重に検討し記載する。

		2023年(現在)	2024年	2025年	2026年	2027年	2028年	2029年	2030年	2031年	2032年
役割	K会長	財務責任者、対外的な活動			顧問・相談役						
	K社長	事業統括責任者、総務人事労務責任者、補助金対応責任者			事業統括責任者、総務人事労務責任者、補助金対応責任者、財務責任者、対外的な活動						
	K会長夫人	経理部門責任者、給与計算等			経理部門責任者、給与計算等をK社長夫人へ引き継いでいく						
	K会長長女	監査役									
	K社長夫人	－	経理引継、会計ソフト入力から始める		経理部門責任者、給与計算等						
報酬（万円）	K会長	70	70	70							
	K社長	50	50	50	70	70	70	70	70	70	70
	K会長夫人	30	30	30	30	30	30	30	30	30	30
	K会長長女	30	30	30	30	30	30	30	30	30	30
	K社長夫人				30	30	30	30	30	30	30

❺経営基本方針、基本政策（戦略）をヒアリングしながら記入

　「経営基本方針」とは、後継者に譲るにあたって大事にしてほしい価値観、行動規範、または「これだけはしないでほしいこと」「これは変えてもいいが、守ってほしいこと」などを記載する。

　現社長の時代に、会社が潰れずにこれまでやってきた理由、守ってきた価値観などがここで箇条書きに記される。

　ここは、あまり詳細でなくてもよい。詳細な価値観や行動指針は「経営判断基準づくり」で網羅するので、ここでは「精神的な表現」でもよい。

　「基本政策（戦略）」は、今後も生き残り、収益が上がる独自の経営戦略を記載していく。基本政策（戦略）の欄には以下の内容を中心に箇条書きにする。

- 今後の経営戦略
- 出店進出予定
- 構造改革予定
- 開発予定
- 新規事業予定

経営基本方針 （経営理念・経営者 の姿勢等）		● お世話になっている地域の皆様と、共に幸せになっていく。 ● 住まいを通じてお客様の生活を充実させる。そのためには自分たちも充実した生活を送ることが大切。日々、「人間性」と「住まいの快適さの向上を提案できる能力」を磨いていく。
基本政策	リフォーム事業全般	既存客の紹介、既存客の依頼を中心に行っていく。毎年 1 名は新規採用し、3 年で 100 万円の受注金額工事をこなせるように教育。5 年で 1,000 万円受注金額工事に対応させていく。ここ数年は人を育てていくことを中心に行うので利益は少なくなる。
	R 丁寧部門	新入社員の研修 OJT としての位置づけ、今までは対応ができていなかったが、将来受注の種まきとしてコンスタントに行う。毎年 1 名は新規採用
	R100 万円以上部門	入社 3 年目には 100 万円以上の案件を処理できるようにする。R 丁寧部案件を行っていればおのずと紹介が出てくる。既存客の 90% が新規客の割合。HP や LINE などで 10%。お客様に気に入られて仕事依頼が来ても対応ができないことや、先輩などに案件を渡せないのが課題。
	R1,000 万円以上部門	入社 5 年目には 1,000 万円以上の案件を処理できるようにする。R100 万円以上案件を行っていればおのずと紹介が出てくる。

　未来像が見えないから答えられない経営者、後継者には、別の時間でクロスSWOT 分析を検討する。（第 3 章を参照）

　クロス SWOT 分析が重いなら、「アンゾフ成長マトリックス」の 4 つの領域の質問で考えていく。これによって何らかの具体的な方向性、政策を考えていく。
　アンゾフ成長マトリックスは、「市場浸透」「新製品開発」「市場開拓」「多角化」に沿って考えていき、最終的に、下段の「ビジョン・基本政策」の欄に箇条書きで記載する。（186 ページ参照）

❻ 10 か年の売上、粗利益、減価償却、営業利益、キャッシュフローの推移をヒアリングしながら入力
- 売上予定は、現状で考えられる程度で可。
- 売上の予定の前に売上科目を決める（今後のビジネス展開、子会社設立、新規事業、グループ会社の構想などがあれば、その枠を追加）。
- 今のビジネスの売上だけではなく、新ビジネスの売上可能性があれば、枠を

経営者から経営戦略を聞き出す「アンゾフ成長マトリックス」の4つの視点〈質問とヒント〉

		既存商品		新規商品	
		市場浸透		新製品開発	
既存市場	1	既存の顧客に既存の商品で、5～10%売上増をするとしたら、どんな販促対策が考えられるか		今の顧客に新たに導入できる商品、新たに開発したい商品サービスは何が考えられるか	
	2	今の顧客に商品をもっと認知してもらうには、どんな販促やプロモーションを仕掛けるか		今の商品サービスから、ネーミング・パッケージ・容量・流通ルートなどを変えることで、どんな新たな顧客の取り込みが可能か	
	3	他社商品から自社商品に乗り換えてもらうために、どんな販促やキャンペーンをするか（シェアアップ対策）		既存客から別途売上を上げるには、アフターサービスや顧客管理・メンテナンスは具体的にどう強化すれば売上増が見込めるか	
	4	自社商品の売り場を増やす、自社商品のアイテムアップ、サービス利用頻度をもっと増やしてもらうために、どんな対策があるか		既存商品の「周辺サービス」「周辺業務」「周辺商品」を受注しようとすれば、どういう商材が可能か	
	5	使用頻度・購買頻度を増やすために何をするか		既存商品の「リペア・リサイクル・リフォームによる低価格の付加価値商品」を特定商材やサービスで実現することで、販売拡大が可能になるとすればどんなことか	
		市場開拓		多角化	
新規市場	1	来期はどれくらい新規の口座開拓をしたいか。そのためにはどんな条件を付けるか。どんな仕掛けや販促が必要か		知り合いから聞いた話、同業者が取り組んでいる新規事業で何か考えていることはないか	
	2	Webを活用して、通販、直販、顧客との直接のネットワークを構築すれば、さらにどんなビジネスチャンスの拡大が可能か		顧客の声などから、新たに可能性がある新規事業や挑戦したい分野は何か	
	3	同業者の二番煎じでマネしたい戦略は何か。なぜその戦略は有効だと思うか		まだこの地域では他社が取り組んでいないことで、新規事業として興味があるものは何か	
	4	今の商材の使われ方を変えることで、新たな用途開発につながる「価値転換」「用途転換」があるとすればどういうことが可能か。またそれをほしがる新規客は誰か		今の不動産、顧客資源を活かしてできる新ビジネスには何があるか	
	5	今の商品を、違う顧客対象、違う販売チャネルに営業しようとしたら、何をどう変えれば可能か		FCや業務提携で、新ビジネスを考えていることは何か	

ビジョン・基本政策 （経営戦略・部門戦略）	1	
	2	
	3	

複数用意。

- まず、今のビジネスが10年間どう推移するかを記載する。
- 最初の5年程度聞いたら、あとは横ばいにしておく。
- すでに取り組んでいる新規事業やM&Aの予定、新たな販路、または別会社設立などの既定路線があれば記載する。

	2023年（現在）	2024年	2025年	2026年	2027年	2028年	2029年	2030年	2031年	2032年
売上計画	569,000	500,000	500,000	515,000	530,000	530,000	530,000	530,000	530,000	530,000
粗利益計画	169,278	148,750	148,750	153,213	157,675	157,675	157,675	157,675	157,675	157,675
減価償却費	16,281	14,708	12,491	9,644	7,424	6,972	5,782	4,661	4,836	4,867
営業利益計画	19,278	▲ 1,250	▲ 1,250	3,213	7,675	7,675	15,900	15,900	15,900	15,900
キャッシュフロー	35,559	13,458	11,241	12,857	15,099	14,647	21,682	21,682	21,682	21,682

❼現借入金額、固定資金不足（返済額とキャッシュフローの差額）を記入

- 今後10年間の借入金の返済予定を記入していく（銀行ごとの借入金、返済額）。
- その合計額を一番上の行に記入する（Excelで計算式を入れておく）。
- 固定資金不足の欄は上述のキャッシュフローと現借入金合計額の差額を記載。

このように記入していくことで、10年間の資金の流れが確認でき、不足があれば後述する資金調達の計画に役立つ。

	2023年（現在）	2024年	2025年	2026年	2027年	2028年	2029年	2030年	2031年	2032年
既存借入返済	19,278	20,862	17,944	30,371	30,735	30,417	26,307	23,696	17,042	16,842
①M銀行借入分（長期）	4,076	4,305	4,256	4,208	4,160	4,112	4,064	3,556	0	0
②R銀行借入分（長期）無担保	5,876	5,820	5,799	5,761	5,723	5,685	1,866	0	0	0
③R銀行借入分（長期）	3,678	3,658	3,635	3,614	3,593	3,573	3,551	3,530	3,508	3,488
④U銀行借入分（長期）	0	1,288	3,066	3,031	2,997	2,963	2,928	2,894	0	0
⑤U銀行借入分（長期）	4,992	5,032	0	0	0	0	0	0	0	0
⑥日本政策金融公庫借入分（長期）	656	759	1,188	13,757	14,262	14,084	13,898	13,716	13,534	13,354
固定資金不足（返済とCFとの差額）	16,281	▲ 7,404	▲ 6,703	▲ 17,515	▲ 15,636	▲ 15,770	▲ 4,625	▲ 2,014	4,640	4,840

❽設備投資計画、資産売却保険解約計画等の資金計画を記入、現金残高も記入

　ここでは、10年間の大きな資金収支を計画化する。経営者退職金（保険解約以外の金額）、他の退職金で保険解約以外の資金が必要な場合、その定年時期におおよその金額を記載する。

　また、経営戦略から「大型の設備投資」や「戦略的な資金需要（投資や出資）」があれば、それも記載する。

　資金確保のための資産売却や保険解約、新規借入計画があれば記入する。

　最終的に各期末に残る予定の現金の残高も記入しておく。

（単位：千円）

	2023年（現在）	2024年	2025年	2026年	2027年	2028年	2029年	2030年	2031年	2032年
資産売却・保険解約計画（金額）	0	0	0	0	0	0	0	10,000	0	0
資産売却・保険解約内容								●退職金資金として保険解約		
設備投資計画（金額）	25,000	3,000	50,000					20,000		
新規償却費	4,167	4,767	8,613	8,613	8,613	8,613	1,923	5,256	5,256	5,256
設備投資内容	●社用車6台買い替え（自己資金）	●原価管理システム投資でムダ削減 ●新入社員2名増員	●新規事業コインランドリー					●社用車4台買い替え（自己資金）		
新規借り入れ計画	0	50,000	50,000	0	0	0	0	10,000	0	0
①U銀行借り入れ		50,000								
①U銀行返済額		2,500	5,000	5,000	5,000	5,000	5,000	5,000	5,000	5,000
②R銀行借り入れ			50,000							
②R銀行返済額			5,000	5,000	5,000	5,000	5,000	5,000	5,000	5,000
現預金残高	150,000	187,096	170,393	142,879	117,243	91,473	76,848	64,834	59,474	49,314

❾金融機関対策、役員保険の支払、後継者への株式贈与契約、そして最後に相続税対策などを記入

　　●今後のメインバンクの在り方や直接金融の計画、増資や経営者保証に関する計画を記載。資本性劣後ローンなどを金融機関と調整予定があるならそれも

記載しておく。

- 役員保険の加入状況、支払予定を記入し、後継者への伝達項目とする。
- 退職金の支払予定も記入しておき、後継者に把握しておいてもらう。
- 株式の贈与計画や遺言書作成の検討など、相続税に関することを記入する。
- その他、会社の社内体制や行事など、メモしておきたいことを記載する。

(単位：千円)

	2023年 （現在）	2024年	2025年	2026年	2027年	2028年	2029年	2030年	2031年	2032年
経営者保証を外す計画	既存融資から経営者保証を外す交渉開始	既存融資から経営者保証を外す交渉開始								
役員保険	1,300	1,300	1,300	2,000	2,000	2,000	2,000	2,000	2,000	2,000
●社長退職金用										
●他役員保険	1,300	1,300	1,300	2,000	2,000	2,000	2,000	2,000	2,000	2,000
退職金支払額										
退職金支払い概要				●K社長取締部長夫人役員就任で保険加入						
退職金支払計画（中退共以外の慰労金）									5,000	5,000
退職金支払い該当者名									H氏	K氏
後継者へ株贈与計画	●株価試算と評価方式の把握	一部贈与	一部贈与	一部贈与						
相続税対策	●遺言書作成（会社経営に関するものはK社長。金融資産は会長夫人、その他の不動産はK会長長女）	毎年暦年贈与111万円孫に	毎年暦年贈与111万円孫に	毎年暦年贈与111万円孫に						
社内体制整備	●中期5か年計画作成	●人3名を育てる期間 売上現状維持 ●固定費を削減（交際費）	●経営者交代の行事	●コロナ融資返済開始、借換交渉	●既存客の紹介、既存客の依頼を中心に行っていく。毎年1名は新規採用し、3年で100万円の受注金額工事をこなせるように教育。5年で1,000万円受注金額工事を対応していく。					

　以上、事業承継にかかわる主要な事項をすべてまとめて統合し、年次推移で整理したものが、次ページ以下の「資金計画事業承継10か年カレンダー」である。

資金計画事業承継10か年カレンダー（統合例）

			2023年（現在）	2024年	2025年	2026年
1	年齢	K会長	74	75	76	77
		K社長	44	45	46	47
		K会長夫人	70	71	72	73
		K会長長女	47	48	49	50
		K社長夫人	41	42	43	44
2	職責	K会長	代表取締役会長	代表取締役会長	代表取締役会長	会長
		K社長	代表取締役社長	代表取締役社長	代表取締役社長	代表取締役社長
		K会長夫人	取締役	取締役	取締役	取締役
		K会長長女	監査役	監査役	監査役	監査役
		K社長夫人	―	取締役	専務取締役	専務取締役
3	役割	K会長	財務責任者、対外的な活動			
		K社長	事業統括責任者、総務人事労務責任者、補助金対応責任者			
		K会長夫人	経理部門責任者、給与計算等			
		K会長長女	監査役			
		K社長夫人	―	経理引継、会計ソフト入力から始める		
4	報酬 （万円）	K会長	70	70	70	0
		K社長	50	50	50	70
		K会長夫人	30	30	30	30
		K会長長女	30	30	30	30
		K社長夫人	0	0	0	30
5	経営基本方針 （経営理念・経営者の姿勢等）	●お世話になっている地域の皆様と、共に幸せになっていく。 ●住まいを通じてお客様の生活を充実させる。そのためには自分たちも充実し				
6	基本政策	リフォーム事業全般	既存客の紹介、既存客の依頼を中心に行っていく。毎年1名は新規採用し、 5年で1,000万円受注金額工事に対応させていく。ここ数年は人を育てていく			
		R丁寧部門	新入社員の研修OJTとしての位置づけ、今までは対応ができていなかったが、			
		R100万円以上部門	入社3年目には100万円以上の案件を処理できるようにする。R丁寧部案件を HPやLINEなどで10%。お客様に気に入られて仕事依頼が来ても対応ができな			
		R1000万円以上部門	入社5年目には1000万円以上の案件を処理できるようにする。R100万円以上			
7	売上計画		569,000	500,000	500,000	515,000
	粗利益計画		169,278	148,750	148,750	153,213
	減価償却費		16,281	14,708	12,491	9,644
	営業利益計画		19,278	▲1,250	▲1,250	3,213
	キャッシュフロー		35,559	13,458	11,241	12,857

2027 年	2028 年	2029 年	2030 年	2031 年	2032 年
78	79	80	81	82	83
48	49	50	51	52	53
74	75	76	77	78	79
51	52	53	54	55	56
45	46	47	48	49	50
会長	会長	会長	会長	会長	会長
代表取締役社長	代表取締役社長	代表取締役社長	代表取締役社長	代表取締役社長	代表取締役社長
取締役	取締役	取締役	取締役	取締役	取締役
監査役	監査役	監査役	監査役	監査役	監査役
専務取締役	専務取締役	専務取締役	専務取締役	専務取締役	専務取締役
顧問・相談役					
事業統括責任者、総務人事労務責任者、補助金対応責任者、、財務責任者、対外的な活動					
経理部門責任者、給与計算等を K 社長夫人へ引き継いでいく					
経理部門責任者、給与計算等					
0	0	0	0	0	0
70	70	70	70	70	70
30	30	30	30	30	30
30	30	30	30	30	30
30	30	30	30	30	30

た生活を送ることが大切。日々、「人間性」と「住まいの快適さの向上を提案できる能力」を磨いていく。

3 年で 100 万円の受注金額工事をこなせるように教育。
ことを中心に行うので利益は少なくなる。

将来受注の種まきとしてコンスタントに行う。毎年 1 名は新規採用

行っ ていればおのずと紹介が出てくる。既存客の 90％が新規客の割合。
いことや、先輩などに案件を渡せないのが課題。

案件を行っていればおのずと紹介が出てくる。

530,000	530,000	530,000	530,000	530,000	530,000
157,675	157,675	157,675	157,675	157,675	157,675
7,424	6,972	5,782	4,661	4,836	4,867
7,675	7,675	15,900	15,900	15,900	15,900
15,099	14,647	21,682	21,682	21,682	21,682

資金計画事業承継10か年カレンダー（統合例）　続き

		2023年（現在）	2024年	2025年	2026年
8	既存借入返済	19,278	20,862	17,944	30,371
	①M銀行借入分（長期）	4,076	4,305	4,256	4,208
	②R銀行借入分（長期）無担保	5,876	5,820	5,799	5,761
	③R銀行借入分（長期）	3,678	3,658	3,635	3,614
	④U銀行借入分（長期）	0	1,288	3,066	3,031
	⑤U銀行借入分（長期）	4,992	5,032	0	0
	⑥日本政策金融公庫借入分（長期）	656	759	1,188	13,757
9	固定資金不足（返済とCFとの差額）	16,281	▲7,404	▲6,703	▲17,515
10	資産売却・保険解約計画（金額）	0	0	0	0
	資産売却・保険解約内容				
11	設備投資計画（金額）	25,000	3,000	50,000	
	新規償却費	4,167	4,767	8,613	8,613
	設備投資内容	●社用車6台買い替え（自己資金）	●原価管理システム投資でムダ削減 ●新入社員2名増員	●新規事業コインランドリー	
12	新規借り入れ計画	0	50,000	50,000	0
	①U銀行借り入れ		50,000		
	①U銀行返済額		2,500	5,000	5,000
	②R銀行借り入れ			50,000	
	②R銀行返済額			5,000	5,000
13	現預金残高	150,000	187,096	170,393	142,879
14	経営者保証を外す計画	既存融資から経営者保証を外す交渉開始	既存融資から経営者保証を外す交渉開始		
15	役員保険	1,300	1,300	1,300	2,000
	●社長退職金用				
	●他役員保険	1,300	1,300	1,300	2,000
	退職金支払額				
	退職金支払い概要				●K社長夫人取締役部長就任で保険加入
16	退職金支払計画（中退共以外の慰労金）				
	退職金支払い該当者名				
17	後継者へ株贈与計画	●株価試算と評価方式の把握	一部贈与	一部贈与	
18	相続税対策	●遺言書作成（会社経営に関するものはK社長。金融資産は会長夫人、その他の不動産はK会長長女）	毎年暦年贈与111万円孫に	毎年暦年贈与111万円孫に	
19	社内体制整備	●中期5か年計画作成	●新人3名を育てる期間売上現状維持 ●固定費を削減（交際費）	●経営者交代の行事	●コロナ融資返済開始、借換交渉

2027年	2028年	2029年	2030年	2031年	2032年
30,735	30,417	26,307	23,696	17,042	16,842
4,160	4,112	4,064	3,556	0	0
5,723	5,685	1,866	0	0	0
3,593	3,573	3,551	3,530	3,508	3,488
2,997	2,963	2,928	2,894	0	0
0	0	0	0	0	0
14,262	14,084	13,898	13,716	13,534	13,354
▲15,636	▲	▲4,625	▲2,014	4,640	4,840
0	0	0	10,000	0	0
			●退職金資金として保険解約		
			20,000		
8,613	8,613	1,923	5,256	5,256	5,256
			●社用車4台買い替え（自己資金）		
0	0	0	10,000	0	0
5,000	5,000	5,000	5,000	5,000	5,000
5,000	5,000	5,000	5,000	5,000	5,000
117,243	91,473	76,848	64,834	59,474	49,314
2,000	2,000	2,000	2,000	2,000	2,000
2,000	2,000	2,000	2,000	2,000	2,000
				5,000	5,000
				H氏	K氏

一部贈与

毎年暦年贈与111万円孫に

●既存客の紹介、既存客の依頼を中心に行っていく。毎年1名は新規採用し、3年で100万円の受注金額工事をこなせるように教育。5年で1,000万円受注金額工事に対応させていく。

5 後継者時代の役員・幹部の役割責任の文書化

　後継者時代の役員・幹部の仕事内容や職務責任項目を文書化する。幹部の年俸の判断基準にしてもよいし、取締役の改選時の検討材料にしてもよいだろう。

　「よく見えない役員層の業務」を明確にして、部下から信頼される役員幹部、後継者からも信頼される役員幹部を育成するために行う「見える化」である。

（1）経営者と後継者が役員幹部の役割を議論し、記載する

- 役員や幹部にコミットメントしてもらうため、1年後でも検証可能な表現にすることが重要。
- 基本の役割を決めたら、その詳細なアウトプットは「役員幹部研修」や「役員幹部会」などで、各自に記載してもらう。
- 各自が記載した内容の妥当性について、経営者、後継者そして MGS 担当者が一緒に中身を添削して、再度提出してもらう。

（2）役員幹部役割責任 記入事例

　事例を提示して、書き方やコミットメントのアウトプット内容をイメージしてもらう。

　この「個人別　基本業務の具体的重点事項」の書き方が曖昧だとアウトプットの検証ができないので、しっかり書き込むことを意識する。

（3）中小企業取締役行動指針・評価基準の説明

　取締役の仕事や責任を決める際、どのような内容にすべきかわからないとき、この「中小企業取締役の行動指針・評価基準」を経営者、後継者に見てもらって説明する。

取締役・経営幹部の役割責任

○基本業務では、「誰が最終責任で、誰が直接実行者か」がわかるように書き出す。
○小規模企業の場合は役員だけでなく、幹部社員や一般社員の名前を入れて検討する。
○掲載人数は何名でもよいが、基本的に経営に影響があるメンバーを中心にセレクトする。

		会長	社長（後継者）	専務取締役 （社長夫人）	営業本部長	建築部長
基本業務	1					
	2					
	3					
	4					
	5					
	6					
	7					
	8					

基本業務の具体的重点事項（個人別）

○各基本業務のなかで、「どんなことを行うか」を具体的な表現で記す。
○基本業務では、「誰が最終責任で、誰が直接実行者か」がわかるように書き出す。
○上記の基本業務の数字と同じ枠に、内容を記入する。

		A	B	C	D	E
個人別具体的重点事項	1					
	2					
	3					
	4					
	5					
	6					
	7					
	8					

この指針と評価基準は私たちが行う取締役研修や顧問先の役員昇格面談時に活用しているものである。この内容から「各取締役の責任項目」が出ることもある。

分類	No.	行動指針・評価基準
基本姿勢	1	部下から人格者として信頼される。畏敬の念を持たれる
	2	他部門、他取締役と積極的な連携を図る（部門間の課題解決の仲裁機能を持つ）
	3	自部門優先主義でなく、全社的な視点で取り組む
	4	謙虚さ、誠実さ、会社、経営者への忠誠心は他幹部の模範となる
	5	困難な課題、緊急な出来事に対しては経営者の方針のもと、陣頭指揮をとる
	6	24時間、365日の法人中心の思想を持つ
	7	健康管理は最大のノルマと心得る
	8	物事の是非は数値に置き換えて判断する
	9	経営者への継続的な報連相とコミュニケーションが信頼の基本
	10	経営者の立場で考える。給与を払う側の立場で考える
	11	取締役の処遇は、全社業績、部門業績、個人の特務事項の達成度によって決定される
業績責任	1	新規戦略や現状打開策の戦略を立案し、陣頭指揮をとる（部下に任せるだけでなく、特務事項として直接成果を出す）
	2	担当部門の明確かつ具体的なビジョンと業績目標を示す
	3	2年単位でコミットメントを出す
	4	経営側の目標と現場のギャップを埋める対策を入れた事業計画、アクションプランを策定する
	5	幹部会議での決定事項は確実に順守させるようチェックとフォローをする

中小企業取締役行動指針と評価基準

分類	No.	行動指針・評価基準
人材育成	1	担当部門の後継者を育成する
	2	自身が急に3か月間入院しても、部門が回るような仕組みと役割分担を徹底する
	3	部下が自ら考え、意見を出せるように指導とサポートをする
	4	部下のできない理由を放置せず、対策を一緒に導き出す
評価・判断	1	部下の行動と事実を冷静に見て、公平に評価する
	2	事実に基づいた適切な判断を下す
	3	部門のなかで、一番顧客の立場で判断する
	4	従業員の基本動作の乱れは、ミスやトラブルの始まりであり、見逃さず指導する
緊急対処	1	緊急事態、重大アクシデントには、担当幹部だけに任せず、事態の収拾と事後対策まで、陣頭指揮をとる
	2	社員、顧客の冠婚葬祭では率先して行動する
	3	重要クレームは、まず取締役が顧客先に即出向き、対処法を作成し、陣頭指揮をとる
	4	工場や事務所での緊急事態(天災、火事、盗難、破壊、破損、人身事故等)には24時間体制で会社で陣頭指揮をとる
リスク管理	1	リスクの予兆、小さな変化に敏感になる
	2	部門のコンプライアンス違反は見逃さない
	3	善管注意義務、利益相反、背任を理解する
	4	定期的にリスク、コンプライアンスの監査または研修を行う

6

6 経営者・後継者の相互信頼を築く「職務権限委譲計画」づくり

（1）「名ばかり社長」「権限なき承継」「過剰な院政」を防ぐ

　事業承継において、職務権限移譲は重要な課題である。

　言葉だけの職務権限だけでは、後から不平不満やトラブルの温床になりかねない。そこで、期限別の具体的な職務・実務の移譲計画を明文化していくことは「経営承継」のなかでも重要な作業である。

（2）経営者の日・週・月・スポットの仕事をヒアリングして記入

　多くの経営者は、毎日、どんな業務や経営判断、意思決定をしているのか、よくわかっていない。

　私たちが「社長、今どんな決済や判断業務をしていますか？　毎日どのような業務を行っていますか？」と問いかけても、即答できる方は少数派である。たいていの経営者は、「自分はそんなにたいした仕事はしていない」と答える。

　経営者にヒアリングしながら、「日・週・月・スポットの実施事項、判断事項、決済事項」を一覧表にして入力していく。（200〜201ページ参照）

（3）「権限移譲項目・業務責任整理一覧表」記入のポイント

　この用紙を見せて、「記入して提出してください」と依頼しても、しっかり書き込んでくれる経営者は実際のところ少ない。経営者に余計な手間をとらせないように、私たちアドバイザーが聴きながら入力・記入していくことになる。

❶毎日の仕事
 ●社長が朝出社してから夕方までに実施していることで、「社長でなくてもよいが、あえて社長が実施している作業・業務を記入していく。

- 社長が毎日ほぼルーティンでしている「マネジメント業務（決済・チェック・指示・管理・部門間調整・会議等）」を記入していく。
- 社長が毎日している何らかの創造的業務（将来への仕掛け戦略・従業員の動向管理・開発・マーケティング・外部機関調整など）を記入していく。

❷毎週の仕事

- 社長が毎日の業務とは別に、週の初めの月曜日に行っているマネジメント業務、決済業務、会議等での指示業務、創造的業務を記入していく。
- 社長が毎日の業務とは別に、特に〇〇曜日に行っているマネジメント業務、決済業務、会議等での指示業務、創造的業務を記入していく。
- 社長が週末や週中に行っているマネジメント業務、決済業務、会議等での指示業務、創造的業務を記入していく。

❸毎月のルーティン業務

- 社長が毎月初めの1日とか第1月曜日に行っているマネジメント業務、決済業務、会議等での指示業務、創造的業務を記入していく。
- 社長が毎月中旬、または下旬の何日かにしているマネジメント業務、決済業務、会議等での指示業務、創造的業務を記入していく。
- 社長が毎月末に行っているマネジメント業務、決済業務、会議等での指示業務、創造的業務を記入していく。

❹スポットまたは不定期の仕事

- 社長が事業年度の終わりや初めに行っているマネジメント業務、決済業務、会議等での指示業務、創造的業務を記入していく。
- 社長が昇給前、賞与前に行っているマネジメント業務、決済業務、会議等での指示業務、創造的業務を記入していく。
- 社長が年頭に行っているマネジメント業務、決済業務、会議等での指示業務、創造的業務を記入していく。
- 社長が業界団体や外部機関との関係で行っているマネジメント業務、決済業務、会議等での指示業務、創造的業務を記入していく。

　次ページは、「事業承継見える化」のコンサルティングを実施した建築会社の例である。

会長・社長の権限移譲項目・業務責任整理一覧表

- デイリー、ウイークリー、マンスリーの各業務は、具体的な表現にする
- 後継者に移譲する業務では、「どこまでやるべきか達成基準」まで記載しておくと後継者はイメージしやすい
- 「後継者に権限を渡す期限」はおよその予定年を記入する

		会長・社長のデイリー決裁・判断業務	どこを注意して決裁判断するか（重点ポイント）	後継者に権限を渡す期限、渡さない場合は×		会長・社長のウイークリー決裁・判断業務
一般業務（会長・社長でなくてもよい業務・作業名・実務業務名）	1	朝礼8時半	報告事項あるときは話す。業務や来客予定	早期引継	月	メールチェック、郵便物確認、新聞とネットニュース確認
	2	現金出金伝票チェック	慣習で行っている。業務の把握に役立つ	早期引継		現金出金伝票チェック
	3	地域活動	各関係団体、神社、お寺、自治会は引継ぎ必要	当面実施		社内MTG
	4	慶弔出席	K会長、K社長いずれかが出席するようにしている	早期引継	火	メールチェック、郵便物確認、新聞とネットニュース確認
	5	書類の確認	社会保険、助成金、申請手続き関係、火災保険	当面実施		ランチミーティング
	6	保険契約窓口	JA、自動車、生命保険、医療保険の諸手続	当面実施		連合自治会打ち合わせ
	7				水	メールチェック、郵便物確認、新聞とネットニュース確認
	8					K会長受注のリフォーム案件進捗相談
マネジメント業務（指示・管理・部門間調整・会議等）	1	支払決済	請求書➡各担当責任者➡経理部➡K会長夫人➡K会長	早期引継	木	K社長とのMTG
	2	ランチミーティング	社員とは定期的にランチをし、業務状況など確認	当面実施		メールチェック、郵便物確認、新聞とネットニュース確認
	3	毎月営業会議資料確認	状況、予算実績の確認	早期引継		地域の神社、お寺訪問
	4	銀行担当者との面談	情報交換を常にしておく	早期引継		取引先接待
	5	K会長受注のリフォーム案件進捗相談	工事担当者からの相談に適切に対処する	当面実施	金	メールチェック、郵便物確認、新聞とネットニュース確認
	6					来週のスケジュール確認、資金繰り確認
創造的業務（改善・企画立案・計画）	1	接待で情報を社内でフィードバック	接待で得た有益な情報を朝礼で伝達する	当面実施	土	取引先接待
	2					
	3					
	4					
	5					

	記入日	○○○○ / ○ / ○ /
	会社名	K株式会社
	役職・氏名	MGS税理士法人　金川

どこを注意して決裁判断するか（重点ポイント）	後継者に権限を渡す期限、渡さない場合は ×	会長・社長のマンスリー決裁・判断業務		どこを注意して決裁判断するか（重点ポイント）	後継者に権限を渡す期限、渡さない場合は ×
日々の情報収集は不可欠	引継必要なし	月初	毎月営業会議出席	各部署の前月の結果と今月の予定、課題確認	当面実施
慣習で行っている。業務の把握に役立つ	早期引継		会計事務所との面談	試算表の数字確認、他相談	当面実施
現場の状況の確認	早期引継		書類の確認	社会保険、助成金、申請手続き関係、火災保険	当面実施
日々の情報収集は不可欠	引継必要なし		銀行担当者との面談	情報交換を常にしておく	早期引継
社員とは定期的にランチをし、業務状況など確認	当面実施	中旬	セミナー出席	経営者向けセミナー	当面実施
地域で何かお困りごとがないか確認	当面実施		保険契約窓口	JA、自動車、生命保険、医療保険の諸手続	当面実施
日々の情報収集は不可欠	引継必要なし	下旬から月末	支払決済	請求書➡各担当責任者➡経理部➡K会長夫人➡K会長	早期引継
工事担当者からの相談に適切に対処する	当面実施		毎月営業会議資料確認	状況、予算実績の確認	早期引継
業務の報告をうける	引継必要なし		各関係団体懇親会参加	仕事に役立つ情報を収集	当面実施
日々の情報収集は不可欠	引継必要なし			どこを注意して決裁判断するか（重点ポイント）	後継者に渡す期限、渡さない場合は ×
お困りごとがないか確認	当面実施	1	4月昇給決定	金額決定。累積年数や各人の売上の内容、物価変動	当面実施
仕事に役立つ情報を収集	当面実施	2	夏季賞与決定 7月支給	実績、人事考課チェック	当面実施
日々の情報収集は不可欠	引継必要なし	3	冬季賞与決定 12月支給	実績、人事考課チェック	当面実施
資金繰りに問題ないか確認	当面実施	4	銀行借入交渉	金利を安くするための交渉。営業利益を出せるように対策を考える。借入はいらないときでも余分に借りておいたほうがよい	当面実施
仕事に役立つ情報を収集	当面実施	5	四半期ごとに銀行に試算表提出	郵送かFAX、事務員に指示	当面実施
		6	決算書を銀行に提出	郵送かMail	当面実施
		7	連合自治会の行事参加	クリーン作戦、青少年を守る会	当面実施
		8			
		9			

6

❺職務権限委譲計画整理一覧表に書き出す

「経営者の権限移譲項目・業務責任整理一覧表」のヒアリングで入力が済んだら、その中から、下記の「職務権限移譲計画」の「①現社長が現在、直接の権限で実施していること」と「②大まかな内容」を聴き出して、入力していく。

- まず、事例の「職務権限移譲計画」を解説し、社長や後継者にイメージを持ってもらう
- ヒアリングしながら、プロジェクターやモニターに投影して、PCの入力状況を見ながら、社長や後継者に意見を述べてもらう。
- 「大まかな内容」を聴きながら、「その業務のポイントとなる箇所は何か」「後継者に留意してもらいたい点は何か」を入力する。

❻「職務権限移譲計画整理表」ができたら、後継者を交えて確定する

- 経営者とアドバイザーのヒアリングによって「職務権限移譲計画整理表」ができたら、後継者を交えて、確認の場を持つ。
- 経営者の想いとは違うことを後継者から提案される場合もあるので、その都度経営者に確認し、再入力して完成させる。

203ページは、「事業承継見える化」のコンサルティングを実施した建築会社の例である。このように権限移譲の内容と時期を明確にしておくことは、「名ばかり社長」「権限なき承継」「過剰な院政」を防ぐ効果があり、会長（前経営者）と社長（後継者）の覚悟を決めるツールにもなる。

会長の職務権限移譲項目の整理表

① 会長が今、どういう業務を直接行っているか、会長権限として決裁・決定しているかを整理する
② 各業務の大まかな内容を表現する（後継者に理解させるため）
③ 各職務権限から、「この1年間で業務移管、責任移管」したい項目を、C、B、Aの3段階で決める
④ 各職務権限から、「今後3年以内で業務移管、責任移管」したい項目を、C、B、Aの3段階で決める
⑤ ③④の検討段階では、会長と社長（後継者）または第3者を交えて行うとスムーズにいく

当面自分がやらねば問題になる（ややこしくなる）	C
少しは、後継者に経験を積ませてもかまわない（一緒にやるほうがよい）	B
後継者に任せたほうがよい	A

	①現社長（会長）が現在、直接の権限で実施していること	②大まかな内容	③2024年まで	④2025年まで	⑤2026年まで
1	朝礼8時半	報告事項あるときは話す。業務や来客予定	A	A	A
2	現金出金伝票チェック	慣習で行っている。業務の把握に役立つ	A	A	A
3	地域活動	各関係団体、神社、お寺、自治会は引継ぎ必要	C	C	C
4	慶弔出席	K会長、K社長いずれかが出席するようにしている	A	A	A
5	郵便の確認	社会保険、助成金、申請手続き関係、火災保険、他	B	A	A
6	保険契約窓口	JA、自動車、生命保険、医療保険の諸手続	B	A	A
7	支払決済	請求書➡各担当責任者➡経理部➡K会長夫人➡K会長	B	A	A
8	接待で情報を社内でフィードバック	接待で得た有益な情報を朝礼で伝達する	C	C	C
9	毎月営業会議出席	各部署の前月の結果と今月の予定、課題確認	B	B	A
10	会計事務所との面談	試算表の数字確認、他相談	B	B	A
11	4月昇給決定	金額決定。累積年数や売上の内容、物価変動	B	B	A
12	夏季賞与決定7月支給	実績、人事考課チェック	B	B	A
13	冬季賞与決定12月支給	実績、人事考課チェック	B	B	A
14	銀行借入交渉	金利を安くするための交渉。営業利益を出せるように対策を考える。借入はいらないときでも余分に借りておいたほうがよい	B	B	A
15	四半期ごとに銀行に試算表提出	郵送かFAX、事務員に指示	B	A	A
16	決算書を銀行に提出	郵送かMail	B	A	A
17	連合自治会の行事参加	地域の親睦行事に参加	C	C	C

7 価値観承継の基本 「経営判断基準」

（1） 経営判断基準づくりの効果と必要性

　経営判断基準とは、現経営者の過去の失敗や成功から、その本質を後継者に伝える「価値観承継」の一つである。

　多くの後継者は、「自分が知らない社歴」を学ぶ機会がない。そこで、このような機会に「企業の沿革と歴史、その背景」を知ることは最高の後継者教育となる。

　経営判断基準は作成後、手帳やカードにして、経営会議などで判断が求められるときに、これを基準にして議論する。

　「経営判断基準書」を作成したのち、経営者が逝去された場合には、「経営者遺言」として後世に活かすことができる。

（2） 経営判断基準の事例を解説

　経営判断基準とはどんなものか、経営者と後継者に「事例解説」を行う。

　例えば、下記の「製造業の行動指針と経営判断基準」の例などを紹介し、経営者や後継者にどのようなものかイメージしていただく。

　多少長くなるが、次ページ以下に示す「製造業の行動指針と経営判断基準」は中堅規模の企業なので、経営判断基準も多岐にわたっており、イメージが湧きやすい。

```
┌─────────────────────────────────────────────────┐
│              ㈱○○○○工業                         │
│         2017年作成　経営判断基準                  │
└─────────────────────────────────────────────────┘
```

1　行動規範・経営判断基準の基本

①現場・現実・現品での判断か

②大義ある判断か

③メリットばかりのうまい話ではないか

④楽をして儲けようとしている判断ではないか

⑤誰かに一方的に不利や無理強いをしていることはないか

⑥あてにできない不確定要素を頼っての判断ではないか

⑦目先の利益より長期的な利益を考えての判断か

⑧ごまかしや姑息な手段で、あとから言い訳するようなことはないか

⑨感情や風評ではなく、データに裏付けされているか

⑩焦りや疲れがあるときに、冷静さが欠落した判断ではないか

⑪「誰が言ったか」ではなく「何を言ったか」で判断しているか

⑫情に流された判断ではないか

⑬フェアプレーか、社会通念としておかしいことはないか

2　経営戦略に関する判断基準

（1）出資・資金投入の判断

①出資する場合、利殖目的が大義を上回る場合、是としない

②本業とのシナジー効果や大義がある場合のみ出資

③自己資本比率20％以上をキープしたうえで、財務への影響がない範囲で行う

④自己資本ではなく、融資等では投資はしない

（2）新規事業参入時

①自社がその新規事業に取り組む大義があるか（自社でなければならない理由が明確か）

②本業とのシナジー効果があるか

③本業とのシナジー効果がない事業は、本体に影響しない別資本

6　MGS戦略ノウハウ4　資金を中心に非財産相続承継を「見える化」　205

④３か年で収支トントンの予測がつかない事業には参入しない

⑤取り組むと判断した新規事業は、トップクラスの人材を責任者に据えているか

（3）設備投資の判断

①その投資で「生産性アップでキャッシュを生むかどうか」が基準

②キャッシュを生まない投資（本社などのコストセンター）は「より慎重に、より軽く」が基本

③成熟ビジネスで競争が激しい場合、過少投資のほうがリスクが小さい

④設備投資が不振の場合、転用、転売できないことを考慮すると、投資額は抑え目になる

⑤戦略的投資とは、中期内（３～５年）に償却可能な利益を生む投資である

⑥明確なあてがなく、一か八かの賭けに近い投資はダメ

⑦回収計画の具体性に乏しい設備投資はしない

⑧人手不足の折、人がやりたがらない作業、環境の悪い作業は機械に切り替える

⑨設備投資のメリット、デメリットを明確に稟議に書く

（4）新製品に関する判断

①新製品はテストマーケティングで具体的なニーズがあるもののみ開発

②二番煎じまでOKだが、三番煎じはNG

③付加価値を上げてもコストがあまり上がらないものに限定（コストが高いものは結果的に売れない）

④徹底したコストダウンで他社より10％以上低価格にできる見込みがない製品はやらない

（5）人材採用の判断

①適正労働分配率を超えた場合の採用は慎重に行う

②増員によって新たな付加価値を生むのが原則（既存社員が楽になるだけならNG）

③新卒採用は、学歴より人柄で採用（役員の過半数賛成のみ）

④大卒は採用前に会食するなどして、素行と性質を見極める

⑤中途は、専門性があり、即戦力となる人材以外採用しない（長期で育てる場合は30歳まで）

(6) 人材評価の判断

①経歴、経験、言葉や態度にまどわされない（行動結果で良否を判断）

②しっかり指導したうえでの失敗の許容範囲は2回まで。3回目の失敗は見込みなし

③まったく時間がとれない場合以外、1次評価、2次評価はしない。直属上司とその上の管理者が同時に協議しながら、その場で評価する

④同期入社・同年齢でも能力があり、貢献している者は優遇。横並びでの処遇改善はしない（彼も上げたら、あいつも上げないと、というのはNG。ただし、優遇しない社員には将来に向けてしっかり動機づけする）

(7) 役員・管理者登用の判断

①嘘をつかない・正直な性格以外NG（能力があっても、これは絶対条件）

②疑わしい行動、妙な噂がある場合、本人に質して事実を言わない場合、登用不可

③役員登用時1期2年の成果と貢献を明確に公言させる

④自己中心的な性格の場合、多くの部下がいる部門の管理者にはしない

(8) 役員・管理者の降格の判断

①不正行為は疑わしい場合も含めて、たとえ身内であってもケジメをつける

②経営判断基準を無視して、屋台骨を揺るがす失敗をした場合、役員なら解任（部門長は降格）

③もし、その役員幹部に対して従業員にもわかるケジメをつけなかったら、従業員がどう思うかを考えて判断する（仮にその役員幹部のスキルが必要でも、組織風土を優先する）

(9) 資金対策に関する判断

①資金計画は6か月先行管理で行う

②金融機関には、常に競わせる環境にする（仮に条件がよくても、過度な比重を上げない、1行比重は50％以内）

③余剰資金があっても、原則資金運用は禁止（浮利を追わず）

④営業が債権回収に積極的でなく、債権回収が極めて困難な場合（督促・残高照合3回）、営業部門長と相談の上、管理部門が是非を判断する（管理部門が不良債権と判断した場合、営業部門が責任をとる）

⑤どんなに親しい顧客や業者からでも、キャッシュバックのような通常取引とは異なる申し出は原則断る

⑥顧客、業者や社員個人への法人からの貸付は原則行わないが、どうしても必要な場合は担保設定の上、与信限度枠内で行う。役員会で承認が必要（100万円以上は担保・保証の約定）

（10）拠点展開の判断
①原則、出店候補地域の業績が固定費の70％の粗利益が見込めると判断した場合は可
②顧客の強い要請と、ある程度の仕事確保の保証がある場合可
③明確な見込みなく、移動の利便性や出張負担が大きいからとの理由での拠点展開はしない（その場合駐在員の住居のみ異動）
④新店の責任者は、エース級を異動させる（エースが出せない場合、出店自体を再検討する）
⑤顧客の軒先を借りる場合は、大きく展開したときにそれが足かせになる可能性がないか確認し、少しでもその可能性があるなら、たとえ好条件でも自前の拠点を持つ
⑥飛び飛び出店はしない（ドミナント、拠点間移動距離が短い場合に限る）

（11）子会社設立時の判断
①本体のなかでビジネスをすると弊害があり、本体の規制がないほうが成長を見込める場合は子会社設立を許可
②定年社員やリストラの受け皿として子会社を使う場合でも、子会社が本体以外からも生産性が上げられる可能性がなければつくらない
③子会社は本体の役付役員以上が代表権を持つ（子会社社長は、本体の専務以上、子会社役員は本体の部長級以上）
④本体の社員を子会社の実質的な責任者にする場合、出向3年後に転籍を条件に、骨をうずめる覚悟で行ってもらう
⑤子会社への出向から3年経過したら、業績や貢献度で本体の同列・同期の社員より上げても下げてもよい
⑥子会社をつくるとき、免税、交際費枠、節税等の税制メリットのみを考えない。あくまでも業務の必然性や業績効果を優先し、市場主義で判断する

（12）組織変更時の判断
①その組織はより顧客に近い・顧客にメリットがあるかで判断する
②組織改編で、屋上屋はつくらない。行動と意思決定が早いかどうかで判断する

③無意味な複雑な階層はつくらない（責任が曖昧にならないように明文化）

④管理責任者は1名、補佐が1名、その上の役員や統括はサポーターとなり、職務権限を移譲する

⑤兼務は最小限に留める。リーダーが兼務の場合、サブは必ず専任化する

（13）業務提携の判断

①シナジー効果が確実に見込めるかどうかで判断する。シナジー効果が早期に見込めない場合は見送る

②明確な契約書が交わせるかどうか、契約書には弁護士が立てられるかどうかで判断する

③契約時、物別れになった場合の条項を入れる話ができるかどうかで判断する（曖昧なスタートは原則NG。タイミングを逸してもNG）

④簡単な業務提携でも役員会の決裁が必要

（14）買収・出資時の判断

①買収案件を検討する場合、必ずデューデリジェンスができる機関を間に入れる

②買収資金は多めに見積もり、自己資本比率が20%以下にならない範囲で資金調達する

③事業としてシナジーが見込めるか（具体的に業績に貢献できるか）で判断する

④社風や企業文化が合わないと判断したら、交渉しない（それがわかるまで業務提携の範囲）

⑤相手先の従業員から協力がもらえるかどうかも判断材料とする

（15）売却・撤退縮小時の判断

①3期連続赤字で、見通しが立たない場合、それまでいかに投資しようとも撤退・縮小する

②売却する場合、少しでも利益可能性が残っている状態で決断する（赤字が常態化した場合、売りにくい）

③再生に経営者またはエースの役員が担当して、2年間目途がたたないなら撤退する

④仮に今利益が出ていても、将来的に「脅威」が増し、低迷が確実なら、早い段階で売却または分社化する

（16）リストラ不可避時の判断

　①リストラ時でも、将来キャッシュを生む戦略の投資や資産は最後まで手放さない

　②再生後の青写真がないリストラは潰れるだけ

　③人員削減は原則禁止（全員で痛みを分け合う。立場が上の人間ほど痛みを受ける）

　④人員削減リストラ不可避の状況では、たとえ苦しくても1回ですべての膿を出し切る（逐次リストラは禁止）

　⑤早め早めに決断する。見切り千両で良し。損切は経営者が決断する

（17）誹謗中傷、ネット書き込み、メディア発表時の判断

　①粛々と事実を積み上げる（他人の陽動作戦に乗らない）

　②専門家に相談しても、小手先のテクニックだけで解決しようとしない（誠心誠意で対処する）

　③トラブルの原因を明確にし、自社の反省点は正直に陳謝する

　④原則、隠さない、迅速に公開する、逐次出さない（最初から全部出す）

（18）半期経過後、通期で赤字が見えたときの判断

　①経営全般、各部門の管理可能な経費の大幅な抑制策をとる

　②目先の業績のために、来期業績に直結する仕掛け・投資の手抜きはしない

　③わかった段階で3か年でトータル黒字になる中期経営計画を緻密に作成する

（19）増資・外部株主を入れるときの判断

　①社長は51％以上を確保する（一族内で対立する可能性が否定できないなら、社長個人が51％以上になるように買い越す）

　②外部株主を入れるときは、合算で10％にならない範囲にする

3　営業に関する判断基準

（1）顧客との価格交渉時の判断

　①原則、無抵抗に値下げを受諾しない（必ず先方も渋々了承する条件とセットで交渉する）

　②顧客の値下げ要求は、担当者がその場で是非につながる言動はしない

　③顧客に値下げ要求の背景を詳細に聞き出す

④値下げ要求の場合、顧客にどんな覚悟があるかを聞き出す（どんな条件ならのむか）

(2) 新規取引先の判断
　①先方から来た新規案件（紹介も含む）は信用調査が前提（情報のない取引はどんなに条件がよくても禁止）
　②新規を取るために、既存の大事な顧客以上の条件を出すのは原則禁止

(3) 受注拒否の判断
　①原則、見積段階で粗利が15％以内の単発物件は受注しない
　②契約までの当初予定と大きく違う仕様変更や条件変更があった場合、必ず仕切り直し、見積の再提出を行う。それで所定の粗利がない場合は断る（ダラダラと相手の要求をのまない）
　③上得意先の所定粗利率に達しない案件は社長判断（勝手に判断しない）
　④条件が厳しい場合、相手に期待感を持たせる言動は禁止

(4) 赤字受注時の判断
　①赤字受注は、原則社長判断
　②赤字受注での受け入れ条件は、LTV（顧客生涯価値）があるかどうか（単発の赤字受注はNG）
　③同じ顧客からの連続した赤字受注は受けない

(5) クレーム発生時の判断
　①顧客の機会損失を最大限防ぐように対応する
　②言い訳しない
　③先方が怒って会わないと言っても、責任者は謝罪と今後の対策の面談の約束をまずとるようにする

(6) アフターサービスの判断
　①アフターサービスは企業の生命線だと理解する
　②アフターサービスでの生産性や利益を事業計画に組み入れる
　③アフターサービス専任者を必ず置く（兼務させない）

(7) 売上計上での判断
　①売上目標に未達の場合でも、架空売上、売上後の翌月赤伝、契約書・受注書のない売上は厳禁

②売上の帳尻を合わせるために、顧客に無理やり売り込むことは禁止

(8) 顧客が災害被害時の判断
　①担当者、役員が必ず見舞いに行く。他の業者より早く、一番に行く
　②見舞金はできるだけ高額にする

(9) 接待交際時の判断
　①一次会で満足を提供する
　②二次会が必要な場合、顧客のランクや今後の期待値で社長が決定する
　③酒席だけで終わらせず、必ず３日以内にお土産が届くよう手配する
　④顧客接待以上に、仕入先、外注業者への接待を意識する（顧客より、業者のほうが利益貢献が高い。業者を大事にしないとしっぺ返しを食らう）

(10) 顧客への贈り物をするときの判断
　①歳暮、中元は常識の範囲の商品にする
　②歳暮と中元の間に、季節の贈り物を選定し、贈る（社長の言葉を添えて）

(11) 取引先信用低下リスク時の判断
　①回収に関するマニュアルを遵守する
　②危ない情報や通常と違う雰囲気を感じたときは、社長まで情報を上げる
　③転売される前に自社商品確保のスピードを上げ、被害が最小限になる努力を第一に考える

(12) 商品供給をカットするときの判断
　①低利益、低売上貢献で、今後も見込みなしと判断した場合
　②カットを決めたら最長６か月以内に完全カットを目指す
　③顧客には営業幹部が主旨説明をする
　④代替商品の仕入先情報を集め、顧客に提案する

(13) 顧客をカットするときの判断
　①切りたい顧客がいるとき、自社商品以外の商品を紹介する
　②取引停止で悪い噂が出ないよう注意する

4　製造に関する判断基準

(1)　購買・外注単価交渉時の判断
　①無理な値下げ要求は品質問題を起こす
　②相手が値下げをのみやすい対策を先に提案する
　③外注先、仕入先からの値上要求には、相場や相見積りで適正かどうかを確認する
　④他社より高い場合、その外注先が信頼できるなら、値下げを言わず、今以上のサービスや労務提供を提案し、価格を下げないことを約束する

(2)　内製化と外注化の判断
　①外注を内製化したい場合、経費が固定化してもそれ以上の受注生産の継続性が読めるかどうか精査する
　②内製を外注化する場合、内製に伴う固定費が別の生産部門に移動可能かを確認する
　③外注した場合、当社の依存度が40％を超えない範囲にする
　④外注化は相手が慣れるまで、極端な低単価は出さない

(3)　外注先選定判断
　①まず、価格より品質を優先する
　②役員以上が、外注先経営者の人柄を確実にチェックする
　③外注先依存度は1社に集中させない。必ず複数外注先を確保
　④外注先が倒産廃業したら、すぐに次の外注先を探索する

(4)　残業平準化の判断
　①部署によって残業時間の差が大きいと、不平不満の温床になる（残業が多くても、少なくても不満になる）
　②残業が減った部門があれば、残業の多い部門に人を異動
　③常に多能工化できるよう「スキルマップ」の指導を徹底しておく

(5)　仕入、購買のコストダウンでの判断
　①仕入先、購買先にメリットがある条件を先に検討して、コストダウンを依頼する
　②コストダウンはEV（事業価値）を基本として、先方が納得のいくものにする

③コスト面で購入部品を変更する場合、品質検査と他社での使用状況を調査したうえで行う（テスト購買時にできるだけ情報収集）

(6) 外注費削減の判断
①外注費を削減する場合、一方的に外注先を苦しめるようなことはしない
②外注先２社の比較はしても、長年の外注先が努力してコスト削減できるような提案や指導を先に行う

(7) 多能工化の判断
①スキルマップで全体のバランスを見て、特定作業部門がボトルネックにならないようリスク分散しておく
②原則全員２職種以上の多能工を徹底する
③多能工教育の時間は残業時間にあててもよい
④製造部長は年に１回はスキルマップ状況を把握し、個人の目標設定に入れる

(8) 機械投資（新規・修理）に関する判断
①新規の設備機械投資の基準は、減価償却が終わっていて、性能が低下し生産性に影響があり、修繕費が膨らんでいる状況の場合
②古い機械を新しくしても大きな生産性向上、キャッシュが望めないようなら、だましだまし使うか、外注を検討する

(9) 現場工のモチベーションと管理
①誰からも見えない場所で単独で作業させない（不正と手抜きが発生しやすい）
②仕事量の目標を「見える化」させて、時間当たり作業量を意識させる（本人のペースで仕事をさせない）
③生産管理の係員は現場工を孤独にさせないようにコミュニケーションをとる
④事業部長は現場工との飲み会や懇談会を定期的に実施する（現場からの課題を聞き出すチャンス）

5　経営管理に関する判断基準

(1) コンプライアンスでの判断
①コンプライアンス指針を絶対遵守する

②グレーと思われる行為でもやらない

③コンプライアンス違反になる案件を提案する社員には厳しく注意する

④赤字でもコンプライアンス違反はしない

(2) パワハラ・セクハラ確認時の判断

①すべて経営者に報告する

②パワハラ・セクハラ指針に沿って対処する（総務部長だけに任せない。各事業部長が直接関与する）

(3) 地域との付き合いや地元貢献の判断

①地域あっての会社であることを認識し、町内行事には積極的に参加する

②地域への金銭的な貢献、地域行事への労務貢献は大事な経営活動である

③社員が地域活動で時間がとられる場合は、可能な限り他のメンバーでカバーする

(4) 自社物件の自然災害・火災時の判断

①災害マニュアルに沿って行動する

②経営者、関係役員、工場長は、事態が収拾するまで24時間体制で対処する（出張等でいない場合は、上長が対応）

(5) 労災事故時の判断

①即、社長に報告する

②労災対応手順に沿って行動する

③統括衛生責任者の陣頭指揮で、48時間以内に、原因究明と再発防止策を提出し、現場に徹底させる

(6) 服務規律違反が判明した場合の判断

①役員、幹部が本人を呼んで、実情把握

②24時間以内に始末書、反省文を提出させ、担当役員が72時間以内に賞罰委員会を招集する

③その責任を鑑み、当事者は処分や対応策が決まるまで自宅待機させる（問題行為を行った社員に普段どおり仕事を続けさせることはしない）

（3） 会社沿革と教訓から導き出した経営判断基準〈建築業の例〉

　以下は、実際に事例企業のコンサルティングにおいて、社歴を聴きながら、その時々に起こった出来事から経営判断を導き出したドキュメントである。中小企業にはわかりやすい事例である。

経営判断基準
1　売上受注時の判断基準
粗利益 15％は下がらないようにする（基本は 20％）
粗利益 15％いかない場合は社長が中身を見て判断する
15％切る場合は下請けがしっかりしていて下請けが全て受けてくれる場合は受注する
人柄より既存の家や設備の状態を見て判断する（設備の設置状態を見る）
2　HP 問い合わせ時の判断基準
メールか LINE で必ず返信する。上司が内容確認しその後指示をした社員が返信
➡通話はしないようにする
見積依頼がある場合は概算見積書作成し返答する
現況の写真があれば見積書を出しやすいので、写真などを送信依頼する
3　新規顧客取引開始時の判断基準
人柄より既存の家や設備の状態を見て判断する（設備の設置状態を見る）
下見の際に家の中の状況を見て人柄判断
4　受注拒否の判断基準
時間やお金の余裕がないところはお断りする
法令順守されて建築されているかどうかを確認する
下水配管、雑廃配管が異常埋設設置の際は慎重に判断する
5　クレーム発生の判断基準
上席にまず報告する
状況確認して先方に伺う
保険を活用するか確認（工事瑕疵保険）
最終クレーム報告書を作成し社長に報告
6　顧客と価格交渉時の判断基準
他社の見積書がある場合、15％利益を確保できるのであれば下げる
その際は上席に報告し受注予定金額を変更
7　顧客への贈り物をする時の判断基準
クレーム対応時は 5,000 円程度のお菓子
工事の際は、近隣の皆様に自社名入りボールペンを配布する
仕事紹介を受けた場合は 5,000 円程度のお礼の品を贈る
8　外注先選定の判断基準
法令順守がなされている。法律を熟知されている
瑕疵保険、労災に加入しているか確認する（書面で確認）
品質にこだわっているかを確認する
中途半端な仕事をしている先とは付き合わない

（※ 218 ページに続く）

会社沿革				
年		形態	年齢	出来事
1986	S61	個人	32	勤めていた会社を退職し、建設業許可を受ける準備
1988	S63	個人1	33	土木工事業創業。準備入札受けるために地元の人と付き合い、地元の建設業協会加入
				受注の準備。入札の際に人がどう動くのか、談合など観察する
				ずる賢い人がもらうと理解
				順番は暗黙で決まっていく。順番は、外すようにされることもあり
				入札金額が事前に漏れていた
				その状況に辟易し、ただでも無料でも入札すると同業者に宣言。宣言後、順番がまわってきた。小さい仕事の下積みで入札参加資格ランクを上げていった
				手元に25%残すことを常に意識した
1989	H1	個人2	34	地元（土木工事請負）
				草刈り、1,000万円の造成工事を行う。年間3,000万円くらいの売上
				個人のお客様からの外構工事等、住宅メーカの方からの紹介で行う
				粗利25%を確保できない場合は受けないが、10%で受けた仕事もある。その場合はコストの無駄をなくす等工夫する
				自分が作業をして利益を残す。効率がよい。日曜でも正月でも休み関係なくがむしゃらにやった（水路工事など）
1990	H2	個人3	35	地元（土木工事請負）　年売上5,000万円
1991	H3	個人4	36	地元（土木工事請負）　年売上5,000万円
1992	H4	個人5	37	社屋建設
				看板と自宅ではなく仕事に専念する場所がほしかった
1993	H5	個人6	38	社員2名
				元直属部下A氏が入社、誠実で真面目、仕事もよくできる。土木工事全般管理を担当
				入札手続きはN会長が行う
1994	H6	個人7	39	社員3名
				B氏入社。同級生、地元の建設会社土木の管理をしていた
				誠実で真面目、仕事もよくできる。土木工事全般管理担当
1995	H7	個人8	40	社員4名
				C氏入社。住宅の会社で営業していた。住宅建築部門開始
				最初は1、2件受注した
				N会長妻入社
1996	H8	1期	41	N工務店設立　資本金1,000万円
1997	H9	2期	42	社員7名、宅建協会加入。資本金3,000万円

（※ 219ページに続く）

9	外注取引先のモチベーションと管理
	自社の施工管理を徹底し、仕事の範囲を明確に提示する
	施工内容を完全に把握しているため、事前に施工時間も伝える
	職人さんに円滑に仕事してもらうことを常に考える
	有志で職人さんと忘年会、幹事は自社が行う
10	人財採用時の判断基準
	時間厳守、一般常識がないのは断る
	コミニケーション能力が高い人
	お客様への対応が丁寧にできるかを確認
	自分の好みだけで採用しないように気を付ける
	有言実行、きちんと会社に指摘、改善提案してくれそうな人
	向上心ある、一所懸命さがある
	どういう人が来ても育てていく姿勢は持っておく
	清潔感がある人
	部活やスポーツをしていた人
	チームで仕事をしていく姿勢がある人
11	地域との付き合いや地元貢献の判断基準
	会社が存在している地域に認知され、評価されるために行う
	近隣に迷惑をかけないように日ごろから取り組む
	取り組みしていなければ、何かを行うときに地域の賛同を得られない
	地域の活動を通じて信頼されたら仕事の依頼がある可能性もある
12	アフターサービスの判断基準
	１年に、夏祭り、秋の感謝際を行うことによりニーズ把握を把握する
	夏祭りはチラシを配布（手書きチラシ、親しみ持ってもらうため、目立つ）
	秋の感謝祭は既存顧客 1500 名ほどに案内。自社で野菜配り
	祭りの際に要望があれば各担当者が顧客対応していく
13	SNS 発信時の判断基準
	従業員さんに各自、記事をブログに書いてもらう
	社長はプライベートを出しすぎないようにする
	現実と乖離した内容は書かないようにする
	受注につながるように工夫していく
	ニッチな内容を発信していく
14	新規事業開始時の判断基準
	既存事業との相乗効果があるかを見る
	人件費がかからないような事業を考える
	地域貢献にもつながるような事業を行う
15	会長の基本姿勢
	人に働いてもらって経営していかないと売上増とならない
	取引業者にリベートは支払わない、従業員の不正の防止のため
	従業員は多様な人材を採用、組織は多様な人々の集合体で成り立つ
	営業が得意な人だけではなく、管理業務が得意な人も採用する
	原則本人が希望するなら最後まで雇用する

年		形態	年齢	出来事
1998	H10	3 期	43	社員 8 名
1999	H11	4 期	44	市の入札参加資格ランク A ランク
2000	H12	5 期	45	大阪府 B ランクに昇格
2001	H13	6 期	46	社員 7 名、棟梁 4 名体制、大阪府 A ランクに昇格
2002	H14	7 期	47	社員 9 名、棟梁 6 名体制
				下請けはしない。元請が倒産するリスクがあるため
				常設展示場建設と OPEN
2003	H15	8 期	48	大阪府 A ランク維持。土木部門・建築部門 ISO9001 取得に向けての活動
2004	H16	9 期	49	大阪府 A ランク維持。土木部門・建築部門 ISO9001 認証取得
2005	H17	10 期	50	不動産売買別会社 N 地所設立
				知人からの要望、知人にお任せ状態
				N 工務店資本金 8,000 万円に増資
				社員 11 名、棟梁 7 名体制
2006	H18	11 期	51	N 地所を株式会社化、資本金 300 万円、その後利益が出ず設立後 3 年で閉鎖
				社員 12 名、棟梁 7 名体制
2007	H19	12 期	52	後継者 N 氏入社（他社建築メーカー 3 年入社）、社員 10 名
2008	H20	13 期	53	社員 8 名、住宅建築受注への集中化
				土木、建築両方受注減少、土木は公共工事の仕事がない。リーマンショック
				建築も減少した
2009	H21	14 期	54	MGS 税理士法人契約、起業家研修での紹介
2010	H22	15 期	55	長男入社、社員 7 名
2011	H23	16 期	56	東日本大震災、資材関係ストップ（物流ストップ）
2012	H24	17 期	57	太陽光パネル導入本格スタート、国補助や買取制度活用
2013	H25	18 期	58	長女入社、社員 7 名
2014	H26	19 期	59	消費税 5％から 8％に引き上げ、7 年ぶりの円安、株高
2015	H27	20 期	60	後継者 N 氏代表取締役就任。承継スタート
2016	H28	21 期	61	下請け業者勉強会スタート、お客様感謝祭スタート
2017	H29	22 期	62	売上 5 億円、社員 7 名
2018	H30	23 期	63	西日本豪雨、北海道地震
2019	H31R1	24 期	64	長男 2 級建築士資格取得
2020	R2	25 期	65	土地購入強化、コロナ流行
2021	R3	26 期	66	太陽光、蓄電池積極導入
2022	R4	27 期	67	戦争による異常な材料の高騰、資材の納期の遅れエネルギー高、円安

❶経営判断基準のカテゴリーを事前に学習

　経営判断基準といっても、どのようなことを具体的に文書化するのかわからない経営者も多い。そこで、あらかじめ下記のようなカテゴリーを「経営判断基準」にすることを伝えて作成作業に入る。

	経営判断基準　参考カテゴリー		
1	設備投資、買い替えの判断基準	17	事業縮小、拠点撤退時の判断基準
2	改修改装時の判断基準	18	大幅な業績悪化、リストラ不可避時の判断基準
3	新規事業参入時の判断基準	19	資金活用、運用時の判断基準
4	不動産購入時の判断基準	20	新組織、新部署構築時の判断基準
5	出店・進出時の判断基準	21	M&A、業務提携、出資時の判断基準
6	新規顧客取引開始時の判断基準	22	法的トラブル、訴訟になる前段階の判断基準
7	新商品取り扱い時の判断基準	23	風評被害、メディア被害時の判断基準
8	取扱商品の撤退時の判断基準	24	主要顧客の慶弔時の判断基準
9	顧客との取引縮小、停止時の判断基準	25	自社の被災時の判断基準（自然災害、火災等）
10	値上げ時・値下げ時の判断基準	26	関係先が被災したときの判断基準
11	役員幹部登用時の判断基準	27	海外企業との取引時の判断基準
12	役員幹部降格時の判断基準	28	重要品質問題発生時の判断基準
13	通年赤字が見えたときの判断基準	29	役員、主要幹部が入院等で出社できない場合の判断基準
14	経費削減・コストカット時の判断基準	30	機密漏洩、セキュリティ問題発生時の判断基準
15	役員会で意見が割れたときの意思決定の判断基準	31	社内不正の兆候や情報が出たときの判断基準
16	付き合いの長い社員、業者から借金依頼があったときの判断基準	32	従業員や第三者から出資を受け入れるときの判断基準

❷ Excel のフレームを事前に作成

　経営者や後継者からのヒアリングの前に、前掲の Excel のフレーム「経営判断基準」「会社沿革」を用意し、「経営判断基準」の欄に当該社に必要なカテゴリーを上記の参考カテゴリーの中から選び、フレームに書き込む。

　フレーム右側の「会社沿革」を聴き出し、その時々の出来事と経営判断で学んだことを該当欄に箇条書きで記載する。

　どのカテゴリーに入れるか判断が難しい場合は、最後の「社長の基本姿勢」に追記する。

　これらの作成作業で出来上がった見本が、前述の〈建築業の例〉（216 ～ 219 ページ参照）である。

❸ 経営者から社歴をヒアリングしながら、時々の判断と背景を聴き出す

　会社沿革は常に、
- その出来事からどんな学びがあったか
- そのよかった出来事をさらに広げるために、どんな発想と行動が必要か
- その悪かった出来事を繰り返さないために、どんな発想と行動が必要か
- そのような出来事が今後も起こる場合、どういう判断指針が必要か

ということを意識して、記入していくようにする。

　会社の歴史と経営判断基準は車の両輪と考え、「歴史から学ぶ」という姿勢で、後継者にも動機づけをする。

　この「社歴の振り返り」は、いずれ会社の記念誌や社員教育にも活用できるので、時間をかけてしっかり聴き込んでいく。

　また、社歴を振り返ることで、経営者も歴史を見直すことができ、大変有意義な文書資産となる。

❹ 経営者が創業者でなく、歴史的な出来事がわからない場合、「経営判断基準カテゴリー」から作成

　この場合は「経営判断基準の事例」を解説した後、前掲の「経営判断基準カテゴリー」から質問しながら、入力する。

　企業によっては「経営判断基準カテゴリー」を説明した後、持ち帰りの宿題にし、後日私たちがヒアリングし記入していくこともある。

8 事業承継「見える化」支援：事例解説
〈建築業・リフォーム業〉

《当該企業の概要》

　K株式会社は兵庫県に所在する会社であり、設立後50期目の建築工事業である。主要事業はリフォーム工事であり、売上総額は5億円、会社役員・従業員は25名で、うち役員は親族4名であり同族経営である。

　創業者K会長は74歳、2年後の76歳になるときに引退を希望。その時、給与形態も変える意向であり、それに応じて職務権限もスムーズに移譲したいと考えている（当初は3年後の引退予定であったが、この事業承継可視化コンサルティングを行うなかで、1年早めて引退することを決定）。

　後継者は長男のK社長であり、20年前に入社し、3年前に代表取締役に就任、K会長は代表取締役会長となり、2人で共同経営をしている。

(1) 当該企業の課題

　K会長は74歳であり、常日頃から早く引退したいと周囲に話していた。しかし、なかなか引退できない。K社長に引き継ぎができていない業務の一部（人事評価、銀行対応、保険契約対応等）があり、いかに円滑に事業承継を行うかが重要な課題であった。

　K社長はK会長の長男である。また、会長の長女が監査役として会社経営に携わっている。K会長の妻も経理担当役員としてK会長と会社を支えてきた。将来は、K社長の妻が経理の業務を引き継ぐ予定である。

　会長所有の自社株式と、K社が自社ビル敷地として利用している土地（K会長個人所有）をどのように承継していくかも重要な課題であった。

　筆者も、顧問税理士としてふだんからその課題について懸念していた。月次監査報告を行う際にはK会長のみに行いK社長は同席されていないことや、銀行対応も会長のみ対応していたことが気がかりであった。しかし、月次監査の時間

内で事業承継について対応することは難しかった。

（2） 事業承継「見える化」支援を採用した背景

　最近、K 会長の体調がよくないことがあり、筆者から月次監査時以外に別日で時間を確保し、事業承継可視化コンサルティングを行いたいことを提案した。

　2023 年 4 月に共著で『「事業承継みえる化」コンサルティング事例集』（マネジメント社）を出版したところであり、K 会長にその書籍を紹介し、各種事業承継を見える化したドキュメントを見ていただいた。

　K 会長はなるべく早く引退したいこと、書籍の内容を見て円滑に承継できるようなイメージが湧いたこともあり、ぜひ行ってほしいということであった。

❶事業承継可視化コンサルティングスケジュール

　事業承継可視化コンサルティングを実施するにあたり、まずスケジュールを作成した。

　事業承継 10 か年カレンダー、職務権限移譲計画、経営判断基準作成について、それぞれ実施項目を詳細に記載し、具体的に何を行うのかを明示した。

　創業者 K 会長と後継者 K 社長、筆者と 3 名の予定をすり合わせながら、各月の欄に日付を記入し、3 月にスタートして 12 月年末完了を目標とし、筆者が毎月訪問し進めていくことした。

事業承継可視化コンサルティングスケジュール

実施項目		3月		4月		5月	
		前半	後半	前半	後半	前半	後半
事業承継10か年カレンダー	(1) 第1回ヒアリング ●会長、社長へ「資金計画事業承継10か年カレンダー」の説明と了承		3/24				
	(2) 第2回ヒアリング（会長、社長と一緒に） ●個人年齢と役職予定の記入 ●売上概算予定確認 ●資金計画、返済計画の確認 ●経営基本方針確認と記入 ●今後の各経営基本方針の確認			4/11			
	(3) 第3回ヒアリング（会長、社長と一緒に） ● SWOT分析で「強み分析」「機会分析」「積極戦略」検討で事業領域の方向性確認				4/19		
	(4) 第4回ヒアリング（会長、社長と一緒に） ●事業ドメインの整理と、ドメインに応じた後継者、役員幹部の役割責任の整理 ●財産相続承継関連、資金関係の確認						5/16
職務権限移譲計画	(1) 第5回ヒアリング（会長、社長と一緒に） ●会長の職務権限・仕事分析➡週日月スポットの仕事分析						
	(2) 第6回ヒアリング（会長、社長と一緒に） ●職務権限移譲計画の整理と確認しながら計画表の記入① ●現状の権限や社内の問題点の整理						
	(3) 第7回ヒアリング（会長、社長と一緒に） ●職務権限移譲計画の整理と確認しながら計画表の記入②						
経営判断基準づくり	(1) 第8回ヒアリング（会長、社長と一緒に） ●他社の経営判断基準の解説と作成フレームの解説 ●会社の歴史、沿革、失敗成功の事実と学びのヒアリング①						
	(2) 第9回ヒアリング（会長、社長と一緒に） ●会社の歴史、沿革、失敗成功の事実と学びのヒアリング②						
	(3) 第10回ヒアリング（会長、社長と一緒に） ●会社の歴史、沿革、失敗成功の事実と学びのヒアリング③ ●会長から社長へ黄金の言葉の整理						
確認	(1) 第11回ヒアリングと指導 ●資金計画事業承継10か年カレンダーの最終チェックと修正確認 ●職務権限移譲計画の修正確認 ●経営判断基準の修正確認						

6月		7月		8月		9月		10月		11月		12月	
前半	後半	前半	後半	前半	後半	前半	後半	前半	後半	前半	後半	前半	後半
6/7													
		7/7											
				8/8									
						9/7							
								10/17					
										11/7			
												12/7	

（3） 資金計画事業承継 10 か年カレンダー

　この「資金計画事業承継 10 か年カレンダー」への記入のときもそうだが、すべての面談に K 社長に同席してもらいながら進めた。

　最初に引退の時期を K 会長に聴いたときは、K 会長は「3 年後の 77 歳を機に代表取締役を引退したい」と言われた。しかし、このカレンダーを作成し終わった後に、やはり 1 年前倒しで 2 年後の 76 歳に引退すると決定された。カレンダーを作成していく過程で、早めに引退するタイミングを確信したようだ。

　令和 6 年 6 月に K 社長の妻が子育てがひと段落することもあり、取締役に就任し、会長の妻の経理業務を引き継いでいく予定である。現在、会計入力業務は社員が行っているが、会社の全体像を理解するために会計入力作業からスタートし、徐々に経理業務を覚えていく予定であることをカレンダーに記入した。

　経営基本方針は、「常に会社は、存在している地域に認知され、評価されるために地域貢献を行う」という K 会長の姿勢から、「お世話になっている地域の皆様とともに幸せになっていく」とした。

　会社には経営理念はもともとなかったが、ヒアリングを行ううえで、K 社長は以下の理念を新たに考えた。

　『住まいを通じてお客様の生活を充実させる。そのためには自らも充実した生活を送ることが大切。日々、私たちは「人間性」と「住まいの快適さの向上を提案できる能力」を磨いていく』

　お客様のために仕事をするという価値観、また人間性を磨いていくことを大切にする K 会長と K 社長が、筆者のコーディネートとともに創り出した経営基本方針である。

　今後の主な基本政策、売上計画は、クロス SWOT 分析を行うなかで策定した。

　リフォーム事業全般については既存客の紹介、既存客の依頼を中心に行っていくとした。

　また、仕事は担当者がお客様に最適な提案をすることが求められるため、人材教育についても具体的に盛り込んだ。毎年 1 名は新規採用し、3 年で 100 万円の受注金額工事をこなせるように教育し、5 年で 1,000 万円の受注金額工事に対応できるようにする。ここ数年は人を育てていくことに力を注ぐこととした。

　売上 10 か年計画については、来期を含めて 2 年間は 5 億円程度、令和 9 年以

降は今育てている新入社員3名が1人1,000万円以上の案件を受注できることを見込み、年間5億3,000万円を毎年地道に達成することを目標にしている。

ロシア・ウクライナ戦争による異常な材料費の高騰やエネルギー高、資材の納期遅れや円安といった危機に直面しているが、最低でも5億円の売上は確保していく予定である。

資金の10か年の流れを確認できたことは、会長が非常に喜んだ。2026年からコロナ融資の返済が始まり、返済額が増額するとは漠然と思っていたが、大幅に固定資金が不足していくのがこの表で確認でき、K会長とK社長が危機感をもってどのように経営していくのか深く考える機会になった。

設備投資計画についても、キャッシュフローにどのような影響があるのかを確認することができた。2年後に新規事業を行うため新規借入計画も書き込むことで10年間の現金残高の推移を把握することができ、非常に感謝された。

役員保険については、令和6年以降2年間、営業利益がマイナスになる見込みであり、保険料を支払っていくべきかの議論もできた。最終的には営業利益が赤字であっても、役員保険についてはリスクを考慮し保険料を払っていくという覚悟を決めた。また固定費をできるだけ削減していくことも話し合った。現在の交際費を見直すだけでも営業利益が黒字になる可能性を確認した。

退職金支払計画については、9年後、10年後に定年を迎える社員がいるので各500万円ずつ記入し、その資金の確保のために2030年に保険契約を解約することも盛り込んだ。

株式贈与計画と相続税対策については、株式の評価を行い、K会長所有の株式をK社長に毎年贈与することとした。また、会長個人所有の不動産も評価して相続税の試算を行い、自社ビルの敷地や会社株式など会社に関係する財産はK社長に引き継ぐこと、金融資産はK会長の妻に、その他の不動産はK会長長女に遺すことを決めた。

筆者からK会長に公正証書遺言の作成とそれを家族の皆様にお伝えすることを提案した。K会長は早速、証書作成を司法書士に依頼し手続きが完了した。これで相続が起きたとしても、K社長は安心して経営に専念できる環境が整った。

これらを総合して、1枚のシートにしたのが「資金計画事業承継10か年カレンダー」である。前述の182～193ページは事例企業の実際について解説したものであり、それらをすべて一覧にしてまとめたものが190～193ページの10か年カレンダー（統合例）である。ここに再掲する。

資金計画事業承継 10 か年カレンダー（統合例）（再掲）

			2023 年（現在）	2024 年	2025 年	2026 年
1	年齢	K 会長	74	75	76	77
		K 社長	44	45	46	47
		K 会長夫人	70	71	72	73
		K 会長長女	47	48	49	50
		K 社長夫人	41	42	43	44
2	職責	K 会長	代表取締役会長	代表取締役会長	代表取締役会長	会長
		K 社長	代表取締役社長	代表取締役社長	代表取締役社長	代表取締役社長
		K 会長夫人	取締役	取締役	取締役	取締役
		K 会長長女	監査役	監査役	監査役	監査役
		K 社長夫人	―	取締役	専務取締役	専務取締役
3	役割	K 会長	財務責任者、対外的な活動			
		K 社長	事業統括責任者、総務人事労務責任者、補助金対応責任者			
		K 会長夫人	経理部門責任者、給与計算等			
		K 会長長女	監査役			
		K 社長夫人	―	経理引継、会計ソフト入力から始める		
4	報酬（万円）	K 会長	70	70	70	0
		K 社長	50	50	50	70
		K 会長夫人	30	30	30	30
		K 会長長女	30	30	30	30
		K 社長夫人	0	0	0	30
5	経営基本方針（経営理念・経営者の姿勢等）		●お世話になっている地域の皆様と、共に幸せになっていく。 ●住まいを通じてお客様の生活を充実させる。そのためには自分たちも充実し			
6	基本政策	リフォーム事業全般	既存客の紹介、既存客の依頼を中心に行っていく。毎年 1 名は新規採用し、5 年で 1,000 万円受注金額工事に対応させていく。ここ数年は人を育てていく			
		R 丁寧部門	新入社員の研修 OJT としての位置づけ、今までは対応ができていなかったが、			
		R100 万円以上部門	入社 3 年目には 100 万円以上の案件を処理できるようにする。R 丁寧部案件を HP や LINE などで 10%。お客様に気に入られて仕事依頼が来ても対応ができな			
		R1000 万円以上部門	入社 5 年目には 1000 万円以上の案件を処理できるようにする。R100 万円以上			
7	売上計画		569,000	500,000	500,000	515,000
	粗利益計画		169,278	148,750	148,750	153,213
	減価償却費		16,281	14,708	12,491	9,644
	営業利益計画		19,278	▲ 1,250	▲ 1,250	3,213
	キャッシュフロー		35,559	13,458	11,241	12,857

2027 年	2028 年	2029 年	2030 年	2031 年	2032 年
78	79	80	81	82	83
48	49	50	51	52	53
74	75	76	77	78	79
51	52	53	54	55	56
45	46	47	48	49	50
会長	会長	会長	会長	会長	会長
代表取締役社長	代表取締役社長	代表取締役社長	代表取締役社長	代表取締役社長	代表取締役社長
取締役	取締役	取締役	取締役	取締役	取締役
監査役	監査役	監査役	監査役	監査役	監査役
専務取締役	専務取締役	専務取締役	専務取締役	専務取締役	専務取締役
顧問・相談役					
事業統括責任者、総務人事労務責任者、補助金対応責任者、、財務責任者、対外的な活動					
経理部門責任者、給与計算等を K 社長夫人へ引き継いでいく					
経理部門責任者、給与計算等					
0	0	0	0	0	0
70	70	70	70	70	70
30	30	30	30	30	30
30	30	30	30	30	30
30	30	30	30	30	30

た生活を送ることが大切。日々、「人間性」と「住まいの快適さの向上を提案できる能力」を磨いていく。

3 年で 100 万円の受注金額工事をこなせるように教育。
ことを中心に行うので利益は少なくなる。

将来受注の種まきとしてコンスタントに行う。毎年 1 名は新規採用

行っていればおのずと紹介が出てくる。既存客の割合 90％新規客の割合。
いことや、先輩などに案件を渡せないのが課題。

案件を行っていればおのずと紹介が出てくる。

530,000	530,000	530,000	530,000	530,000	530,000
157,675	157,675	157,675	157,675	157,675	157,675
7,424	6,972	5,782	4,661	4,836	4,867
7,675	7,675	15,900	15,900	15,900	15,900
15,099	14,647	21,682	21,682	21,682	21,682

資金計画事業承継10か年カレンダー（統合例）　続き（再掲）

		2023年（現在）	2024年	2025年	2026年
8	既存借入返済	19,278	20,862	17,944	30,371
	①M銀行借入分（長期）	4,076	4,305	4,256	4,208
	②R銀行借入分（長期）無担保	5,876	5,820	5,799	5,761
	③R銀行借入分（長期）	3,678	3,658	3,635	3,614
	④U銀行借入分（長期）	0	1,288	3,066	3,031
	⑤U銀行借入分（長期）	4,992	5,032	0	0
	⑥日本政策金融公庫借入分（長期）	656	759	1,188	13,757
9	固定資金不足（返済とCFとの差額）	16,281	▲7,404	▲6,703	▲17,515
10	資産売却・保険解約計画（金額）	0	0	0	0
	資産売却・保険解約内容				
11	設備投資計画（金額）	25,000	3,000	50,000	
	新規償却費	4,167	4,767	8,613	8,613
	設備投資内容	●社用車6台買い替え（自己資金）	●原価管理システム投資でムダ削減 ●新入社員2名増員	●新規事業コインランドリー	
12	新規借り入れ計画	0	50,000	50,000	0
	①U銀行借り入れ		50,000		
	①U銀行返済額		2,500	5,000	5,000
	②R銀行借り入れ			50,000	
	②R銀行返済額			5,000	5,000
13	現預金残高	150,000	187,096	170,393	142,879
14	経営者保証を外す計画	既存融資から経営者保証を外す交渉開始	既存融資から経営者保証を外す交渉開始		
15	役員保険	1,300	1,300	1,300	2,000
	●社長退職金用				
	●他役員保険	1,300	1,300	1,300	2,000
	退職金支払額				
	退職金支払い概要				●K社長夫人取締役部長就任で保険加入
16	退職金支払計画（中退共以外の慰労金）				
	退職金支払い該当者名				
17	後継者へ株贈与計画	●株価試算と評価方式の把握	一部贈与	一部贈与	
18	相続税対策	●遺言書作成（会社経営に関するものはK社長。金融資産は会長夫人、その他の不動産はK会長長女）	毎年暦年贈与111万円孫に	毎年暦年贈与111万円孫に	
19	社内体制整備	●中期5か年計画作成	●新人3名を育てる期間売上現状維持 ●固定費を削減（交際費）	●経営者交代の行事	●コロナ融資返済開始、借換交渉

2027年	2028年	2029年	2030年	2031年	2032年
30,735	30,417	26,307	23,696	17,042	16,842
4,160	4,112	4,064	3,556	0	0
5,723	5,685	1,866	0	0	0
3,593	3,573	3,551	3,530	3,508	3,488
2,997	2,963	2,928	2,894	0	0
0	0	0	0	0	0
14,262	14,084	13,898	13,716	13,534	13,354
▲ 15,636	▲	▲ 4,625	▲ 2,014	4,640	4,840
0	0	0	10,000	0	0
			●退職金資金として保険解約		
			20,000		
8,613	8,613	1,923	5,256	5,256	5,256
			●社用車4台買い替え（自己資金）		
0	0	0	10,000	0	0
5,000	5,000	5,000	5,000	5,000	5,000
5,000	5,000	5,000	5,000	5,000	5,000
117,243	91,473	76,848	64,834	59,474	49,314
2,000	2,000	2,000	2,000	2,000	2,000
2,000	2,000	2,000	2,000	2,000	2,000
				5,000	5,000
				H氏	K氏

一部贈与

毎年暦年贈与111万円孫に

●既存客の紹介、既存客の依頼を中心に行っていく。毎年1名は新規採用し、3年で100万円の受注金額工事をこなせるように教育。5年で1,000万円受注金額工事に対応させていく。

（4） 職務権限移譲計画

　K会長とK社長が話し合うなかで、多くの経営者がそうであるように、最初はK会長は「何もたいしたことはやっていない」と、列挙する項目はそんなにないとの発言があった。しかし、面談が進んでいくと、手帳を確認し、会長秘書にもヒアリングを行いながら、K会長が陰に陽にいろいろな業務をされていることがわかった。

❶会長の職務の洗い出し
　会長の業務分析を行った結果、K会長は「誰でもできる基本的な事務業務を自分で行っている」ということが判明した。
　現金出金伝票のチェックは業務の把握には役立っているが、慣習で行っているということであり、早期に引き継ぐこととした。
　また、社会保険、助成金等の行政への申請手続き関係の事務、火災保険や生命保険等の保険契約窓口も慣習で会長が行っていたということで、見直しをすることにした。
　その他、接待や関係団体との懇親の場で得た有益な情報を朝礼で全員に伝達している。よりよく仕事に活用してほしいという想いで行っているということであった。
　人事評価や賞与の決定や、銀行との交渉や会計事務所との面談等の業務についても会長がやっていた職務だった。
　このようなK会長の行動、想いを知ることができたことは、まさに実践的な経営者の後継者教育となった面談であった。

❷経営者の日週月スポットの仕事分析
　今までK会長がどのような業務を行っていたのか、漠然と理解していたが可視化できていなかった。それらの業務の移譲を整理していくなかで、以下の3項目に分類できた。
　● K社長が引き継ぐべき業務
　● K社長が引き継がなくても、他の人に依頼できる業務
　● K会長しかできない業務
さまざまな業務項目を列挙しながら、承継期限を決めていくなかで、K社長が

引き継ぐ必要のないものは、他の社員に依頼するか、K社長に過度な負担がないよう「できる範囲で移譲していく」という決定をした。

　また、K社長の妻が将来、経理担当役員を担うため、将来的にK社長が引き継いだ事務の業務をK社長の妻に移行することも確認した。

　「K社長が引き継がなくてもよいであろう詳細な業務」は、将来に判断を持ち越した。

　K会長しかできない、近隣の神社、お寺の訪問や連合自治体の行事参加等の地域活動は、当面、K社長は引き継がないが、状況を見ながら引き継ぐべきかを検討することにした。

　K社長に引き継ぐべき業務については、以下の2つに分類した。

- 当面一緒に行ったほうがよい業務
- 3年以内にK社長に引き継いだほうがよい業務

　3年以内に移譲できる項目のうち、会社経営で重要な項目は「昇給・賞与金額決定業務」「支払決済業務」であり、早速、一緒に取り組んでいくことを決定した。

　その他の項目は、比較的、容易に処理しやすい銀行対応や保険契約の窓口業務などで、いつでも対応できることから、3年以内に徐々に移譲していくことにした。

　毎月の会計事務所の月次監査報告面談は、今回の事業承継可視化コンサルティングの面談をきっかけとして、早速にK会長とK社長2名が同席し、順調に引き継ぎが進んでいる。

　以上の多種多様な職務を分析、分類したものが200～201ページの「権限移譲項目・業務責任整理一覧表」である。また、会長の職務権限と委譲時期を整理したものが203ページの「職務権限移譲計画整理表」である。

（5）　経営判断基準の作成

　経営判断基準については、筆者があらかじめ判断基準項目を列挙し、面談を行った。

　判断基準は数字の1の項目から順に作成していったのではなく、会社の沿革をお聴きしながら、過去の出来事、その時々のK会長の判断をお聴きして、該当箇所があればそこに記入した。

また沿革の話を聴いていくなかで、必要な判断基準が新たに出てきた場合には追加していった。

　経営判断基準の作成段階の当初は、会長の判断基準の内容が詳細に出てこなかったが、会社沿革を長く聴いていくと内容が増えていった。

　特に印象深かったのは、会長の基本姿勢の作成で、経営にはいかに多様な人材が大事であるかを説明されたことである。

　「従業員に働いてもらって経営していかないと売上増とならない」

　「従業員は多様な人材を採用、組織は多様な人々の集合体で成り立つ」

　「営業が得意な人だけではなく、管理業務が得意な人も採用する」

　と記入した。

　また、「原則本人が希望するなら最後まで雇用する」と終身雇用についても言及された。従業員への優しい想いを知ることができた。

　このような想いを筆者のコーディネートを通じて直接、K社長へ伝えることができたことは本当によかったと思う。

　K社長にとって、将来の強力な判断基準となることを確信した。

　「新規顧客取引開始時の判断基準」作成の際は、K会長だけではなく、実際に顧客対応されているK社長が、会社の沿革やK会長の想いを聴いていくなかで、積極的に発言されるようになった。

　「人柄より既存の家や設備の状態を見て判断する（設備の設置状態を見れば人となりがわかる）」と具体的に話され、また「顧客と価格交渉時の判断基準」や「外注先選定の判断基準」「外注取引先のモチベーションと管理」では、K社長の発言のみで作成した。

　全体的にとてもわかりやすく、従業員や後継者が判断しやすい、よい判断基準ができたと考えている。（216ページ、218ページ参照）

(6)　事業承継「見える化」支援時の経営者の反応

　事業承継可視化コンサルティングにあたり、最初の面談から最後まで創業者K会長とK社長（後継者）2名が参加され、まず「10か年事業承継計画」と「クロスSWOT分析」を行った。

　会社の今後の目標、ビジョンを明確に掲げることができ、会社の「強み」「弱み」を会長、社長が共有したことは非常に有意義であったと評価された。

　特に「資金計画事業承継10か年カレンダー」は、借入金ごとに返済額が記入

され、一目でその年の返済額、資金不足額が把握でき、必要な営業利益も把握でき、非常に役に立つ資料だとお褒めの言葉をいただいた。

経営判断基準づくりでは、会社設立前のK会長の個人事業の時代からの沿革を確認し、どのような想いで会社を設立し現在に至ったか、会社継続のノウハウをK社長も交えて共有できるよい機会となった。

財産相続承継についても公正証書遺言書作成ができたことで、会長は「自分の想いを元気なうちに遺しておくことができ、家族の皆に伝えることができてよかった」と言われた。

（7） 事業承継「見える化」支援後の行動と成果

10か年カレンダーを作成したとき、K会長は当初引退時期を3年後と決めたが、後に何回もこのカレンダーを見ながら、最終的に2年後に引退すると決めた。時期を早める決断をされたことはよかったと思う。

資金計画を含めた10か年カレンダーでの借入金返済計画、資金の流れを確認し、2026年のコロナ融資の返済が始まることにより固定資金が不足することが明確に可視化された。

自身の引退時期と被ることから、K会長は早速、各銀行に連絡を入れ、すぐに返済できる借入金は完済し、3年後の資金が不足することで借り換え等の対策が必要なことを相談された。

また、毎月の会計事務所の月次監査報告面談は、前述のように今回の事業承継可視化コンサルティングの定期面談をきっかけとして、順調に引き継ぎが進んでいる。

財産相続承継については、最終的に公正証書遺言書作成までたどり着き、会社株式の承継、会社使用敷地の承継について承継者を遺言書に記入、事業承継にあたりK社長の不安材料を除くことができた。

また、K会長からK社長、妻をはじめ子どもに内容について説明を行い、家族全員が円満に納得できる承継につながった。

筆者としても、顧問税理士として以前から気になっていた事業承継の課題を可視化し、事業承継可視化コンサルティングでお役立ちになれたことを大変うれしく思った。

あとがき

　私が生まれ育ち、この職業に就き、創業に至った経緯を述べる。

　私は、1歳の頃に父を亡くし、以後は母に女手一つで育ててもらった。母は祖母と飲食店を経営して、苦労していた姿は今もよく覚えている。

　あるとき、ふと街で見かけた自社ビルのような建物に立派なベンツが停まっているのに目が留まった。「なんの会社だろ」と見上げると、「〇〇税理士事務所」と書いてある。

　そっか……よくわからないけど、税理士になれば稼げるんだ。

　そのあと本屋に駆け込み、「税理士になる方法」といった書籍を見つけ、この資格を目指すことを決意した。その後、猛勉強。働きながら土日、夜学に通い、28歳で税理士の資格を取得した。

　この業界、しっかりいい仕事をすれば稼げるというのは事実である。……であるが、後になって、ベンツはローンさえ組めば誰でも買えると気づいて、購入意欲はすっかりなくなってしまった（笑）。

　昭和63年、足立会計事務所で働きだして、当面はコツコツ税務申告などの業務に精を出した。

　多くの中小企業と向き合うなかで、気づいたことがあった。顧客が本当に求めているのは、税務申告という「過去のまとめ作業」を引き受けてくれる人よりも、「会社の未来を一緒に考えてくれるビジネスパートナー」なのではないか、と。

　資金繰り・伸びない売上・先行きの不安……中小企業の多くの経営者が、誰にも相談できない悩みを抱え悶々としている姿は、飲食店経営に悩んでいた祖母や母の姿とも重なった。

　私は、同僚たちが巣立っていくのを何度見送っても、「自分も独立したい」などという野心はあまりなかった。だが、今までのやり方では顧客が本当に求めているニーズに応えられない。ここで初めて私は、支店開設という形で、自分が考える方法でやってみたいと思うようになった。そして、思い切って所長先生に支店開設を打診したところ、「そこまでの想いがあるなら独立しなさい」という励ましの一言をいただき、創業するに至った。

　数字を預かるだけに終わらない！

　そう決意して創業した数年間、私は資金繰りや業績を上げることの大変さや難しさを体感した。また、その経験により、一層、顧客のよきビジネスパートナー

となり、顧客の業績や財務に目を向けて支援していくという想いを強くした。

　創業後、現在に至るまでに重要な出会いがあった。

　創業3年目にクライアントの紹介で日本創造教育研究所を知り、経営について多く学ばせていただいた。弊社の経営理念・経営ビジョンもここでの学びがベースになっている。

　その後、会計事務所向けに経営計画のソフトを提供するMAP経営、MAS監査をもとに未来会計をすすめるJa-BIGを通じて、5年後、10年後の財務計画を精度高く作成できるノウハウを習得した。

　そして、SWOT分析の第一人者であり、本書の監修者である嶋田利広先生を通して4つの戦略ノウハウを学び、実践でそのノウハウを有効に活用することができた。

　私は今でも現場で顧問先社長と向き合うのが好きだ。足立会計事務所時代から現在まで、お世話になった多くの経営者から、われわれ会計事務所に求められていることは何かを気づかされ、そしてそれを実現すべく、今後もサービスの品質を磨き、成長していきたいと強く願っている。

　本書の執筆にあたり、私を含め幹部社員である金川、戸田、川崎の4名で嶋田先生に毎月、来所していただき、多くの指導を受けた。各自が役割分担のもと、それぞれの顧客にかかわり、1年かけてしっかり取り組んだことで、各々のスキルアップにつながったことは間違いない。本書の執筆を機に、よき仲間がいることの大切さと幸せを感じている次第である。

　最後に、本書の事例としてご協力いただいた4社のクライアント様に感謝申し上げる。また、経営理念・経営ビジョンについて多くを学んだ日本創造教育研究所の田舞徳太郎代表、認定支援機関業務についてのサポートをしていただいているエフアンドエム社、MAS監査業務でご協力いただいているJa-BIG社、そして、独立までの基盤や仕事観について育てていただいた故足立光三先生にこの場を借りてあらためて感謝申し上げる。

松本 一郎

■執筆者

松本 一郎（まつもと・いちろう）
MGS 税理士法人代表　1 級ファイナンシャルプランニング技能士
ichiro-m@e-mgs.or.jp

公認会計士足立光三のもと 1996 年税理士登録。
執筆、FP 講師などの経験を積み、現在、大阪市、神戸市、摂津市に事務所を構え関西圏を中心に事業を展開中。本業である税理士業務を基本に事業承継、経営計画策定・実行支援、認定支援機関業務、飲食業フードメンター、飲食店舗診断などの付加価値業務にも力を入れている。

金川　歩（かねかわ・あゆみ）
MGS 税理士法人　北大阪事務所 税理士
ayumi-k@e-mgs.or.jp

一般企業・資産家の税務顧問業務、相続税申告業務、ハウスメーカーや銀行・証券会社など金融機関への出向を通じて、事業承継相談業務を行う。また、金融機関やコンサルタント会社の営業担当者や法人顧客向けに事業承継セミナーや勉強会の企画・運営を行う。
2012 年 7 月から、韓国ソウルに所在する KPMG サムジョン会計法人に 3 年間、韓国の税法、特に韓国相続税法を学ぶために勤務。帰国後、MGS 税理士法人に入社し、事業承継セミナーや勉強会の企画および運営を行う。

川崎 万佐悦（かわさき・まさよし）
MGS 税理士法人　監査 3 課課長
masayoshi-k@e-mgs.or.jp

会計事務所経験 11 年。事業再構築支援など補助金コンサルティングや経営改善計画策定の支援も手がける。「根拠ある経営計画書」「MAS 監査業務」の専門家として活躍中。

戸田 義則（とだ・よしのり）
MGS 税理士法人　監査 2 課課長
yoshinori-t@e-mgs.or.jp

会計事務所経験 20 年。認定支援機関業務（事業再構築補助金、経営改善計画関連）をはじめ、MAS 監査業務、M&A 関連業務にも注力。KPI 監査のエキスパートとして活躍中。

■監修者

嶋田 利広（しまだ・としひろ）
株式会社アールイー経営　代表取締役

コンサル歴 38 年、中小企業の SWOT 分析の第一人者・事業承継可視化の伝道師として、400 社の経営支援をするかたわら、北海道・九州財務局での SWOT 分析指導や、京都大学経営管理大学院 EMBA 講師なども務める。

───── マネジメント社 メールマガジン 『兵法講座』─────

作戦参謀として実戦経験があり、兵法や戦略を実地検証で語ることが
できた唯一の人物・大橋武夫（1906 〜 1987）。この兵法講座は、大橋
氏の著作などから厳選して現代風にわかりやすく書き起こしたもので
ある。

ご購読（無料）は https://mgt-pb.co.jp/maga- heihou/

経営者・後継者のための中期経営戦略の教科書

2024年　5 月 9 日　初　版　第 1 刷発行

著　者　　松本一郎／金川 歩／川崎万佐悦／戸田義則
監　修　　嶋田利広
発行者　　安田喜根
発行所　　株式会社 マネジメント社
　　　　　東京都千代田区神田小川町 2-3-13（〒 101-0052）
　　　　　電話　03-5280-2530（代）　FAX　03-5280-2533
　　　　　ホームページ　https://mgt-pb.co.jp
　　　　　問い合わせ先　corp@mgt-pb.co.jp
印　刷　　中央精版印刷 株式会社